*Offert par*
*la*
*Fédération Nationale*
*de la Mutualité Française*

# XXXVIIe CONGRÈS NATIONAL

## Toulouse 12-13-14 juin 2003

255, rue de Vaugirard, 75015 Paris
ISBN 2-906376-48-5
ISSN : 0991-6067

Imprimé en France – La Nancéienne d'Impression
24 rue du Haut Bourgeois 54000 NANCY TEL : 03 83 19 50 50

**Bernard Gibaud**

# Fédérer autrement

**Histoire de**
**la Fédération Nationale de la Mutualité Française (FNMF)**
**1902-2002**

MUTUALITÉ
FRANÇAISE

www.mutualite.fr

# Remerciements

Je remercie Michel Dreyfus, compagnon indéfectible depuis vingt ans sur les chantiers de l'histoire sociale, pour son concours une fois de plus inestimable.

Je remercie Anne Bracque-Desallangre, Antoine Capell, François Enderlin, Rémi Laurent et Bruno Taillefert pour leurs suggestions pertinentes.

Je remercie Aline Bertoni pour sa lecture soutenue et valorisante du manuscrit.

Je remercie, enfin, Philippe Braghini pour l'assistance précieuse fournie sur les aspects les plus contemporains de l'évolution structurelle de la Mutualité française.

## Table des matières

# Introduction

Notre passion nationale pour les commémorations déconcerte, dit-on, à l'étranger. Le droit d'inventaire de la mémoire collective trouve pourtant un cadre favorable à son exercice dans la célébration d'actes emblématiques du passé. Le premier centenaire de la Fédération nationale de la Mutualité française appartient manifestement à cette catégorie. Les enjeux et les obstacles qui ont présidé à sa naissance lui confèrent la dimension d'un authentique événement historique. Toute la singularité du mutualisme hexagonal s'y trouve concentrée.

La défiance persistante des pouvoirs successifs à l'égard de la liberté d'association a directement influé sur le mode de structuration des sociétés d'entraide. La dissuasion étatique a favorisé la greffe d'un certain type de pratique solidaire, centrée sur une organisation autogestionnaire de la prévoyance. Dans ce contexte, le caractère tardif des groupements mutualistes de niveau supérieur s'explique autant par le barrage que dressent les autorités que par l'attachement inconditionnel des sociétés de base à une autonomie chèrement acquise. En conséquence, la naissance de la FNMF résulte d'un pacte conclu entre deux souverainetés : celle de groupements de base développant leur pratique solidaire en toute indépendance depuis des décennies et celle d'un fédéralisme mutualiste dont l'essor s'affirme nécessaire pour la pérennisation du mouvement.

Ainsi se marque d'emblée l'une des fortes singularités de la Mutualité française : son édification s'accomplit du bas vers le haut, à l'inverse des autres familles du mouvement social, le syndicalisme notamment, où l'impulsion relève davantage d'un ou de plusieurs centres. Le processus fédératif s'inscrit en mutualité dans la longue durée, un siècle séparant les premières sociétés de secours mutuels de l'édification fédérale, alors que l'écart moyen n'excède guère une ou deux décennies entre l'émergence des syndicats et la formation de leur fédération professionnelle. La signification et la portée de cette différence sont indispensables pour saisir les fondements de la faculté d'adaptation dont le mouvement a su faire preuve à de nombreuses reprises dans son histoire.

L'insécurité durable imposée par la Révolution française aux sociétés d'entraide est au cœur de tous les enchaînements historiques qui ont façonné le fonctionnement des mutuelles et leur mode de regroupement. L'association, perçue sous l'Ancien Régime comme une menace pour les privilèges aristocratiques, est considérée après 1789 comme un obstacle à l'épanouissement de la liberté, la liberté d'entreprendre en premier lieu. La recherche de l'intérêt général exige, selon la « pensée unique » en vigueur, de bannir l'existence de sociétés particulières entre l'État et l'individu. Le triomphe de cette représentation virtuelle du lien social, au travers de la loi Le Chapelier (1791) [1], provoque simultanément la marginalisation des sociétés de secours et l'irruption d'une notion inédite : la reconnaissance d'un « droit social » mis au compte de la nation. En soufflant le chaud et le froid, la Révolution laisse un héritage contrasté, qui élève la solidarité au rang de l'universel et neutralise les institutions susceptibles de l'incarner.

La page révolutionnaire tournée et le projet d'État providence demeuré lettre morte, les sociétés d'entraide retrouvent une amorce de légitimité. Mais leur précarité

---

[1] Cf. Bernard Gibaud, *Révolution et droit d'association. Au conflit de deux libertés*, Mutualité française, coll. « Racines mutualistes », 1989.

juridique rend aléatoire un fonctionnement impliquant un minimum de stabilité, en matière de gestion financière surtout. La relative faiblesse de l'enracinement mutualiste en France au XIX$^{e}$ siècle trouve là sa principale explication. Alors que la Grande-Bretagne, où l'activité des *friendly societies* est garantie depuis 1793, recense en 1850 3 millions d'adhérents, soit 1 sociétaire pour 9 habitants, on ne compte en France à la même époque que 250 000 mutualistes, soit 1 pour 144.

La répression judiciaire vise principalement l'organisation des coalitions. Pour ce motif, plus de 4 500 personnes sont condamnées à des peines de prison, entre 1825 et 1848. Le placement en liberté surveillée des associations ouvrières provoque une fracture entre les activités de prévoyance et de résistance, ouvrant la voie au divorce entre la mutualité et le syndicalisme. La greffe du modèle anglo-saxon fondé sur une organisation plurifonctionnelle, associant les activités mutualistes, syndicales, coopératives et de crédit, ne peut trouver en France les conditions de son épanouissement.

Cette configuration spécifique née, soulignons-le à nouveau, d'un refoulement persistant de la pratique associative par les autorités successives, ouvre un réel espace à l'activité de pure prévoyance. Autre conséquence majeure, l'association se replie durablement sur sa vie intérieure. *« Repoussés de partout, ils se soutiennent eux-mêmes »*, déclare la Société des doreurs sur métaux, au début du XIX$^{e}$ siècle. Une mutuelle se constitue sur un territoire limité, s'arrogeant le droit imprescriptible de s'associer ou non à d'autres. L'attachement aux prérogatives de la société s'affirme d'autant plus fort que la mainmise des pouvoirs publics tend à s'exercer sur les premiers groupements de degré supérieur qui se forment alors au niveau d'un canton ou d'une ville.

L'union départementale demeure inexistante, dans ces conditions, jusqu'à l'avènement de la III^e^ République. L'exception marseillaise n'en est pas une. Le Grand Conseil de la mutualité des Bouches-du-Rhône, créé en 1821 à l'initiative de la Société de bienfaisance de Marseille, elle-même édifiée sous les auspices de la très aristocratique Société philanthropique de Paris, constitue, au dire de ses initiateurs, un office prud'homal destiné à trancher des différends juridiques entre sociétés. Le Grand Conseil ne deviendra une union départementale que sous la République.

L'institutionnalisation des mutuelles prend une tournure décisive après le « séisme » social de 1848. À l'« effet Le Chapelier » se superpose un « effet Napoléon III ». Les règlements modèles inspirés par son décret de 1852 répondent à une double préoccupation d'ordre social et de lutte contre la maladie, devenue un problème fondamental de société au milieu du siècle. La législation napoléonienne recentre l'activité des mutuelles sur la distribution des soins. La prise en charge du remboursement des frais médicaux et pharmaceutiques tend à prendre le pas sur l'indemnité journalière compensant les pertes de revenu en cas de maladie. Le pouvoir impérial, soucieux de trouver des relais dans la société civile pour sa nouvelle politique sanitaire, jette son dévolu sur la Mutualité, car, souligne le ministre de l'Intérieur de Persigny : *« Les sociétés de secours mutuels rendent les maladies et les infirmités moins ruineuses et moins meurtrières*[2]*. »*

L'intervention du Second Empire, exerçant simultanément contrôle et impulsion, façonne les traits de la mutualité contemporaine. La création de la société approuvée constitue l'innovation réussie de cette ambivalence. La formule de l'approbation, conjuguant une relative souplesse

---

[2] Archives nationales, série X, recueil des actes administratifs de 1852.

administrative avec de réels avantages juridiques et financiers, s'affirme plus attractive que celle des sociétés simplement autorisées, refoulées aux lisières du droit. Le centre de gravité sociologique du mutualisme, d'origine essentiellement ouvrière, se déplace vers les catégories intermédiaires. Le cadre territorial prend le pas sur les lieux d'activité professionnelle. L'influence des notables s'affermit.

Les sociétés approuvées regroupent, à la fin du Second Empire, les trois quarts d'un effectif mutualiste quasiment quadruplé, soit 900 000 adhérents. Les anciennes sociétés ouvrières, en voie de transition vers le syndicalisme, représentent le quart restant. La rupture entre le mutualisme et le syndicalisme est pratiquement consommée. Les sociétés de secours mutuels vont se concentrer désormais sur leur savoir-faire : révéler et prendre en charge les besoins sanitaires et sociaux. La prééminence de la dépense proprement médicale dans leur activité s'affirme.

S'il confie *de facto* aux mutuelles une mission officieuse d'assurance maladie volontaire, le pouvoir impérial demeure, en revanche, sur ses gardes en ce qui concerne les moyens mis à leur disposition. Il prend soin de souligner le caractère « temporaire » des secours et d'inscrire le fonctionnement de la société dans un cadre strictement communal. Il impose surtout un nombre maximum d'adhérents, bien trop limité pour une activité d'assurance : 500 par société, contre les 2 000 retenus par la première loi sur le secours mutuel du 15 juillet 1850.

C'est une mutualité émiettée, exclue des opérations de prévoyance à long terme et privée du droit de regroupement, dont le Second Empire assure la promotion. La privation du bénéfice de la loi des grands nombres laissera des traces durables sur la doctrine et le fonctionnement de l'institution. À la même période, des mutuelles de branches professionnelles fortes de dizaines, voire de centaines de milliers d'adhérents se constituent en Grande-Bretagne. Cette expérience atteste qu'il est possible de *« maintenir des usages de contrôle démocratique dans les sociétés, tout en profitant des grands nombres et du calcul probabilitaire*[3] *»*.

À l'attitude soupçonneuse des autorités impériales, rognant les ailes du mutualisme pour mieux en contrôler le développement, s'ajoute l'image négative de l'assurance de marché. L'objectif central assigné, par les institutions commerciales, aux tables de mortalité de procurer des bénéfices très élevés[4] n'a guère favorisé la greffe du calcul actuariel dans les sociétés de secours mutuels. François Ewald constate que *« la pratique de l'assurance accident par les compagnies faisait l'objet de trop de critiques ; elle était trop marquée de suspicion*[5] *»*. Le discrédit porte ombrage à la technique d'assurance elle-même et encourage des réflexes conservateurs au sein des mutuelles. En témoignent l'attachement aux formules archaïques liées à la société préindustrielle, telles que « à cotisations égales, prestations égales », et une défiance persistante à l'égard de l'assurance sociale obligatoire, accusée de substituer la responsabilité collective à celle de l'individu. Autant de blocages culturels qui constitueront ultérieurement de lourds handicaps pour l'intervention de la Mutualité dans la prévoyance collective d'entreprise et professionnelle.

Reste que l'institution mutualiste, sous les feux croisés des milieux étatiques et économiques, acquiert son autonomie au prix d'une double rupture avec le mouvement syndical et

---

[3] Alain Cottereau, « Providence ou prévoyance, les prises en charge du malheur et la santé des ouvriers au cours des XIXes siècles britanniques et français », *Prévenir*, n° 19, 1989, p. 41.

[4] Léon Marie, l'un des principaux actuaires de l'époque, sous-directeur à la compagnie Le Phénix, écrit sans d'états d'âme : *« L'avantage que les assureurs trouvaient dans l'emploi des tables surannées, c'est qu'ils les choisissaient de manière à mettre toujours la mortalité en leur faveur [...] ils trouvaient dans la différence de mortalité, jointe à la différence d'intérêts, une somme suffisante pour payer les frais et réaliser un bénéfice convenable. » Exposition universelle de 1900, rapport au jury international,* 1900, p. 93.

[5] François Ewald, *L'État providence,* Grasset, 1986, p. 272. L'auteur est aujourd'hui l'une des têtes pensantes de la Fédération française des sociétés d'assurances (FFSA).

l'assurance de marché. L'entrée en République après l'effondrement de l'Empire ne peut qu'encourager sa quête de libertés fondamentales, notamment celle de doter le mouvement mutualiste d'une direction nationale. Mais la Mutualité devra attendre la fin du siècle pour obtenir son statut de liberté, bien après les grandes lois républicaines sur la presse, la commune, l'école, etc.

Nous faisons l'hypothèse que cet atermoiement trouve essentiellement sa source dans une volonté persistante des pouvoirs publics d'assimiler les sociétés de secours mutuels aux entreprises marchandes de la prévoyance. Le positionnement mutualiste à l'égard de la technique d'assurance et du fonctionnement des compagnies privées figure ainsi au centre des débats qui vont orienter la construction fédérale.

# Chapitre I
# À l'école de la République

La proclamation de la République, le 4 septembre 1870, constitue *« moins une naissance qu'un constat de décès* [6] *»*. Dès lors, le bel avenir promis à la Mutualité par les républicains sous l'Empire, notamment l'abrogation de la loi mutualiste de « servitude », devra attendre que s'impose définitivement la République. Une première mesure symbolique est néanmoins rapidement adoptée : l'élection du président des sociétés de secours mutuels appartient aux sociétaires et non plus au chef de l'État. Mais la libéralisation générale de la pratique mutualiste est ajournée pendant près de trois décennies. Un double problème se dresse sur le chemin de la liberté pour la Mutualité : la nature de ses liens avec le mouvement ouvrier et avec le pôle marchand de l'assurance. Cette clarification, étroitement dépendante d'une construction républicaine longtemps indécise, s'avère capitale pour le destin du mutualisme français.

La démission de Mac-Mahon de la présidence de la République, le 30 janvier 1879, marque un tournant, sans pour autant lever toute incertitude. Les républicains modérés, que les historiens qualifient d'« opportunistes », détenteurs du

---

[6] Georges Dupeux, « La III$^{e}$ République », in *Histoire de la France, des origines à nos jours*, sous la direction de Georges Duby, Larousse, 1995, p. 739.

pouvoir pendant les vingt dernières années du siècle, période clé pour l'affranchissement doctrinal et institutionnel du mutualisme, éprouveront de grandes difficultés pour stabiliser le régime, comme en témoigne l'aventure populiste du général Boulanger de 1886 à 1889. Leur attentisme social, exception faite des cinq mois du ministère Léon Bourgeois en 1895, constitue l'une des principales causes de la tergiversation officielle à l'égard des sociétés de secours mutuels. Les cheminements respectifs de la République et de la Mutualité finiront, toutefois, par trouver leur confluence.

Les rapports entre la Mutualité et le syndicalisme, déjà largement déterminés par l'impulsion de 1789 visant à différencier la prévoyance et la résistance, entrent dans la phase définitive de rupture au lendemain du drame de la Commune, en 1871. Un homme, Jean Barberet, s'impose comme la figure emblématique de ce redéploiement. Authentique militant ouvrier, il va devenir, à la tête de l'administration républicaine, l'un des principaux inspirateurs de la Charte de la Mutualité et de la création de la Fédération nationale. Son itinéraire incarne parfaitement cette phase constitutive de l'histoire de notre mouvement social [7].

Républicain sous l'Empire dans le sillage de Léon Gambetta, il participe, au lendemain de la Commune, à diverses publications éditées par des associations ouvrières dans le but d'informer les travailleurs sur leurs droits. Il prend ainsi une part active, dès 1872, au renouveau du syndicalisme parisien. Sa défense des idées mutualistes et coopérativistes au premier congrès ouvrier, réuni à Paris en 1876, le situe dans une démarche résolument réformiste. Au III^e^ congrès ouvrier, tenu à Marseille en 1879, il s'oppose à l'orientation imposée

---

[7] Cf. Jean Bennet, *Biographies des personnalités mutualistes (XIX^e^ et XX^e^ siècles)*, Mutualité française, 1987. Michel Dreyfus, *Liberté, égalité, mutualité. Mutualisme et syndicalisme, 1852-1967*, Les Éditions de l'Atelier, 2001.

par Jules Guesde, militant socialiste et grand introducteur du marxisme en France, en faveur d'une voie révolutionnaire.

Sans perdre de vue le mouvement syndical, pour lequel il corédige la loi Waldeck-Rousseau de 1884, Jean Barberet trouve dans la Mutualité son instrument de prédilection pour servir le progrès social, au sein de la haute administration. Il est alors directement impliqué dans toutes les étapes de la libéralisation juridique de la Mutualité et de la mise en place de ses différents niveaux de regroupement. Une série d'évolutions convergentes favorise, il est vrai, cet accomplissement. La radicalisation révolutionnaire de la fraction majoritaire du mouvement ouvrier libère de larges espaces pour l'intervention des sociétés de secours mutuels. L'avancée des libertés républicaines encourage les mutualistes à se doter de premières unions départementales. Après qu'une première organisation a été fondée à Lyon en 1871, c'est au tour des Parisiens de créer la Chambre consultative des sociétés de prévoyance de la Seine en 1883, initiative suivie en Gironde en 1885 et dans la Loire l'année suivante.

## Le premier congrès national

L'aspiration des mutualistes à élargir leur réflexion et leur concertation à l'échelon national s'exprime désormais ouvertement. L'organisation fédérative interdite de fait par la législation, la formule du congrès s'impose comme issue alternative. Mais loin de constituer une solution circonstancielle, le rendez-vous triennal apparaît d'emblée comme une innovation majeure, visant à unir la diversité dans un mouvement ayant vocation à transcender toutes les formes de clivage. Chaînon essentiel vers des structures nationales permanentes, le congrès tire sa dynamique et sa pérennité du respect scrupuleux de l'autonomie des sociétés de base. La cohésion par la démocratie, telle est la méthode qu'inaugure le premier congrès national des sociétés de secours mutuels, en septembre 1883, à Lyon.

Le congrès ne se déroule pas en vase clos. Les grands débats de société marquant l'édification républicaine y répercutent leur écho. Hippolyte Maze, élu à la présidence d'honneur en raison de son activité parlementaire au service de la réforme sociale, obtient une large adhésion pour rejeter les thèses favorables à la lutte des classes. Le congrès de Lyon rend irréversible la coupure entre Mutualité et syndicalisme. Mais ce premier rendez-vous national ne se contente pas de consacrer un acte de divorce, il affirme l'ambition du mouvement mutualiste d'assumer une fonction régulatrice dans le champ sanitaire et social, particulièrement entre les professions de santé et leurs patients. L'efficacité préventive et économique de cette intervention est démontrée, dit un rapporteur, par le fait que *« les mutualistes recourant plus facilement aux premiers soins médicaux se font moins souvent hospitaliser* [8] *»*.

Résolument hostile à l'intervention de l'État parce qu'elle entretient la confusion entre les secours mutuels et l'assistance, Hippolyte Maze soutient la pratique mutualiste, à la condition qu'elle soit fondée sur la science. Constatant la faillite de sociétés mal dirigées, *« ici même dans cette ville de Lyon »,* il préconise l'apprentissage des savoirs actuariels comme un préalable pour leur réussite. *« Il faut le dire : la mutualité est encore à ses débuts ; ses calculs n'ont pas un caractère assez scientifique* [9]. *»* La pertinence du constat ne fait aucun doute, mais les solutions préconisées ne peuvent que semer la discorde au sein de la communauté mutualiste.

La première escarmouche se produit à l'occasion du II^e^ congrès national, réuni à Marseille en 1886. L'absence

---

[8] *Compte rendu du I^er^ congrès national des sociétés de secours mutuels (Lyon, 1883)*, Librairie administrative P. Dupont, 1884, p. 126. Cf. « Autour du premier congrès des sociétés de secours mutuels », *Prévenir*, numéro spécial, mai 1984, Coopérative d'édition de la Vie mutualiste.

[9] *Ibidem*, p. 314.

d'Hippolyte Maze et de ses amis ne semble pas fortuite, car, selon son « lieutenant », Jules Arboux, le parlementaire aurait été écarté de la présidence d'honneur. Son absence libère une tonalité protestataire, inexistante à Lyon. La critique concerne l'ensemble des propositions de la classe politique, y compris le projet Maze déposé en 1881, visant à réformer l'encadrement juridique des sociétés de secours mutuels. L'inertie gouvernementale suscite d'autant plus l'impatience que l'on commence à connaître les résultats florissants des mutuelles britanniques [10]. Plus grave, un avantage acquis, le taux d'intérêt privilégié de 4,5 %, instauré par le décret de 1852 pour le placement des fonds mutualistes à la Caisse des dépôts et consignations, semble devoir être remis en question. Les mutualistes réunis à Marseille sont amers : *« [...] après leur avoir jadis tout promis, on leur refuse aujourd'hui absolument tout, on leur retire même une portion considérable des bénéfices dont le régime précédent les avait gratifiés* [11]*. »*

## La Ligue de la prévoyance et de la mutualité

C'est dans ce contexte que s'ouvre la bataille pour le contrôle de la direction d'un mouvement scindé en deux grands courants : les « scientifiques » et les « sentimentaux », selon les termes en usage. Après le revers de Marseille, Hippolyte Maze s'efforce de retrouver son autorité, en publiant un mensuel, à partir de janvier 1887, *La Revue des institutions de prévoyance.* L'article introductif, intitulé « Notre programme », présente la synthèse de son projet doctrinal et d'action. Puisque la misère est inséparable de la vie sociale, en raison *« du vice et de l'inégalité »* inhérents à la

[10] Un rapport réclame *« pour la Mutualité française des lois aussi libérales que celles qui régissent les mêmes institutions dans la Grande-Bretagne »*, in *Compte rendu du IIe congrès national des sociétés de secours mutuels (24-29 mai 1886, Marseille)*, p. 40.

[11] *Compte rendu du IIe congrès national des sociétés de secours mutuels*, Grand Conseil des Bouches-du-Rhône, p. 42.

condition humaine, l'organisation de la charité apparaît comme une impasse, malgré tout le respect qu'on lui doit. Le recours à l'État n'offre pas davantage de perspective satisfaisante. Son intervention doit se limiter à la promotion de l'initiative individuelle en faveur de la prévoyance par l'association, la science et la liberté.

Le manifeste cite pêle-mêle au nombre des institutions aptes à servir cette démarche : les caisses d'épargne, les sociétés de secours mutuels, les syndicats professionnels, les coopératives et les compagnies d'assurances. La convergence des institutions de prévoyance, commerciales ou non, est dans l'air du temps. Un décret ne vient-il pas de valider comme organisations d'économie sociale à part entière, pour la future Exposition universelle de 1889, les entreprises privées d'assurance contre les accidents ? Pour Maze et ses amis, le savoir actuariel des compagnies est indispensable pour prémunir les sociétés de secours mutuels contre le risque, hélas bien réel, d'un *« krach de la prévoyance »*. Mais, la sécurité de l'épargne populaire n'est pas la seule préoccupation. Les techniques d'assurance suscitent l'intérêt des élites républicaines pour leur faculté régulatrice supposée, dans le champ des relations sociales. Favoriser l'osmose de tous les opérateurs de prévoyance constitue dès lors un fil conducteur pour les réformateurs sociaux.

La première étape vise à remettre sur de bons rails l'organisation et l'orientation du congrès national des sociétés de secours mutuels. C'est chose faite au III^e^ congrès, tenu à Paris en 1889. Hippolyte Maze en assure cette fois la présidence effective. Le bureau du congrès est composé de personnalités appartenant pour l'essentiel à son courant, notamment le secrétaire général, Jules Arboux, pasteur de l'Église réformée, qu'il fait acclamer. Collaborateur très proche, ce dernier s'affirme comme le plus fidèle de ses disciples. L'incitation au respect de règles rigoureuses de gestion tient évidemment une place de choix dans les conclusions adoptées par les délégués. On recommande ainsi : la péréquation des dépenses et des recettes par la distinction et la spécialisation des divers buts poursuivis par la société, l'instauration d'une cotisation proportionnelle et l'établissement préalable d'un certificat médical. La relation avec le pôle marchand de l'assurance n'est, en revanche, pas évoquée.

Le traitement de cette question est réservé à la seconde étape, qui s'ouvre en 1890 avec la fondation de la Ligue nationale de la prévoyance et de la mutualité, destinée à assumer une fonction d'état-major permanent. Les bonnes raisons ne manquent pas pour justifier cette création. Un tel organisme améliorera la préparation des congrès nationaux et la conservation des documents résultant de leurs travaux. Il assurera, à la fois, une meilleure représentation des groupements mutualistes auprès des pouvoirs publics et une mobilisation plus efficace des moyens nécessaires pour mener une « propagande » inlassable en faveur du principe mutualiste. Enfin, et peut-être surtout, il impulsera l'effort pédagogique indispensable pour construire une *« mutualité scientifique ».*

Afin de mobiliser toutes les capacités disponibles au service de cet objectif, Hippolyte Maze préside le 30 mai 1890, deux semaines avant la naissance de la Ligue, l'assemblée constitutive de l'Institut des actuaires français, en présence des principaux dirigeants de l'assurance de marché. L'heure est à l'œcuménisme assurantiel et à la mise à l'index du « sectarisme » mutualiste : *« Des campagnes bien regrettables ont été entreprises ; des hostilités violentes ont été suscitées, entretenues entre les sociétés mutuelles et les compagnies d'assurance. Tout cela est déplorable ; les compagnies d'assurances ne sont-elles pas, elles aussi, des institutions de prévoyance ? Il ne s'agit pas de savoir si ces compagnies sont plus ou moins prospères, si elles font plus ou moins bien leurs affaires ; seul le principe est en jeu : il est le même de part et d'autre*[12]. » Consentir à l'idée d'une prévoyance une et indivisible, républicaine en somme, est la contrepartie exigée de la légitimation juridique qu'attendent les mutualistes.

La formation de la Ligue nationale, le 12 juin 1890, s'inscrit à coup sûr dans cette orientation. *« Le mot* mutualité *a été quelquefois interprété d'une façon étroite et mesquine [...] nous l'appliquons également aux assurances en souhaitant qu'elles se généralisent et surtout qu'elles se démocratisent, qu'elles revêtent des formes plus simples, plus accessibles aux petites bourses »,* affirme Hippolyte Maze, lors de son accession à la présidence de la Ligue nationale de la prévoyance et de la mutualité. Surmonter les lacunes que constituent la dispersion et les carences gestionnaires sont les missions officiellement fixées à la nouvelle institution. Le président et son secrétaire général, Jules Arboux, disposent pour ce faire d'une équipe relativement homogène et expérimentée, les deux tiers ayant appartenu au bureau du IIIe congrès national de Paris, l'année précédente.

L'accueil fait par l'élite républicaine est très favorable. Les présidents de la République, du Conseil des ministres, des deux Chambres, les principaux ministres sont au nombre des premiers souscripteurs. Les représentants de l'économie, des compagnies d'assurances, de l'université, de la presse se félicitent d'une naissance, que *Le Temps*, cette conscience républicaine, salue en affirmant qu'*« aucune entreprise ne nous semble plus digne d'attention »*. Du côté des sociétés de secours mutuels, l'enthousiasme apparaît sensiblement plus

---

[12] *Revue des institutions de prévoyance*, 1890-1892, p. 352.

modéré. Seule une société sur dix présente au congrès de Paris a donné son adhésion. Pour Eugène Joly, fondateur de l'Union des sociétés de secours mutuels (SSM) de la Loire et récent animateur des congrès de Lyon et de Marseille, les réticences des sociétés de base se justifient, car la Ligue *« est complètement submergée par l'économie politique*[13] *».* Les réformateurs sociaux qui la composent ne manquent pas de talent, ni de dévouement, mais ils sont extérieurs à la réalité mutualiste. Le militant stéphanois observe d'ailleurs que les statuts de la Ligue traduisent cette position périphérique en minorant la place des représentants des sociétés. *« Ils sont sur ce point entièrement anti-démocratiques*[14]*. »*

## Deux écoles mutualistes

L'un des premiers foyers d'opposition à la démarche incarnée par Hippolyte Maze apparaît en 1883, avec la création de la Chambre consultative des sociétés de prévoyance, de secours mutuels et de retraite du département de la Seine. Son initiateur, Georges Bonjean, magistrat au tribunal de la Seine, a fondé au lendemain de la Commune la Société de protection de l'enfance abandonnée ou coupable. Il affirme, dans un ouvrage publié en 1889 sous le titre *La question sociale et la mutualité,* sa volonté d'être le porte-parole de la mutualité des travailleurs contre la mutualité officielle. Son plaidoyer en faveur de l'admission sans réserve des femmes dans les sociétés de secours mutuels exprime une démarche innovante et à vocation populaire.

La Chambre consultative représente une authentique union départementale, forte d'une centaine de sociétés. Si le nombre revendiqué d'un demi-million de mutualistes peut

---

[13] Eugène Joly, *Le passé, le présent, l'avenir de la Mutualité,* Imprimerie administrative et commerciale « Le Stéphanois », 1893, p. 125.
[14] *Ibidem.*

sembler surévalué, les services aux groupements sont remarquables : une caisse de réassurance pour le versement, notamment, d'indemnités journalières en cas de longue maladie, une union médicale disposant de 125 médecins à Paris et en banlieue, une union pharmaceutique regroupant 150 pharmaciens et un journal, *L'Union mutualiste,* bulletin mensuel adressé à tous les adhérents. Pastichant la fameuse formule de Sieyès sur le tiers état, le premier numéro pose la question : *« Qu'était jusqu'ici la démocratie mutualiste ? Rien ! Que doit-elle être ? Tout !* [15] *»*

Une nouvelle équipe se constitue après la démission de Georges Bonjean en 1890, pour des raisons tenant à son âge. Deux personnalités appelées à jouer un rôle de premier plan émergent rapidement : Léon Coumes, industriel et conseiller général de Meurthe-et-Moselle, qui devient président de la Chambre consultative, et Victor Savigny, serrurier-mécanicien, vice-président et secrétaire de la rédaction de *L'Union mutualiste.* Si Jules Arboux traite avec condescendance ce dernier – *« ancien ouvrier, disait-on, homme débonnaire, mais d'une culture générale insuffisante semblait-il, pour la direction d'une telle publication* [16] *»* –, les membres de la Ligue reçoivent en retour le sobriquet de *« mutualistes en chambre ».* Les signes de différenciation se multiplient entre les deux courants, sans qu'une franche hostilité soit affichée dans l'immédiat. Les efforts de structuration interne demeurent la priorité dans chaque camp.

Le décès prématuré d'Hippolyte Maze à 52 ans, en octobre 1891, ne semble pas freiner le développement de la Ligue de la prévoyance et de la mutualité. En dépit d'une présidence relativement brève de son successeur, Auguste Burdeau, plus soucieux semble-t-il de sa carrière ministérielle,

[15] *L'Union mutualiste,* organe officiel de la Chambre consultative des sociétés de prévoyance de la Seine, n° 1, 1er octobre 1888.
[16] Jules Arboux, *Histoire de seize ans,* Libraire Fischbacher, 1907, p. 69.

la direction effective de la Ligue demeure solidement assurée par le principal disciple du fondateur, Jules Arboux. Victor Lourties, le nouveau président intronisé en février 1893, est un sénateur de la gauche républicaine et le président du conseil général des Landes. Il a appréhendé les questions sociales dans le cadre de son activité de maire d'Aire-sur-l'Adour et de médecin attaché aux compagnies des chemins de fer et de sociétés de secours mutuels. Sa participation au congrès national de la Mutualité, l'année précédente, lui a fait découvrir les controverses qui agitent le mouvement.

Le IV^e^ congrès, réuni à Bordeaux en septembre 1892, a en effet vu s'affronter les deux tendances sur la question très sensible du taux d'intérêt des fonds déposés à la Caisse des dépôts et consignations. Depuis décembre 1886, un décret a mis un terme au taux privilégié fixé à 4,5 % sous le Second Empire. L'abaissement du taux à 4 %, puis à 3,5 % suivant les fluctuations du loyer de l'argent est interprété comme un reniement par le plus grand nombre des intéressés, alors que la mesure relève du réalisme économique pour les experts de l'économie sociale. Déjà, Maze avait plaidé dans ce sens au congrès de Paris. À Bordeaux, une voix s'élève avec force contre l'esprit d'accommodement de la Ligue, celle d'Henri Vermont, représentant l'Émulation chrétienne, société rouennaise. Mais le dernier mot revient aux économistes qui se sont relayés à la tribune du congrès : 58 % des délégués rejettent la fixité du taux d'intérêt.

## Science et assurance

*« Le sentiment au moteur et la science au gouvernail »,* formule idéale adoptée par le IV^e^ congrès, réjouit Prosper de Lafitte, l'un de ses plus éloquents théoriciens. Cette synthèse séduisante ne dissipe guère les doutes des mutualistes. Tout d'abord, la science n'est pas seule à définir le cap à suivre. La

politique pèse lourd sur un sujet aussi délicat que le taux d'intérêt. Déjà, plus de la moitié des conseils généraux, sensibles aux démarches des sociétés de leur département, ont adopté un vœu demandant le rétablissement du taux fixe. En outre, les pratiques des compagnies d'assurances jettent une suspicion sur la réalité de leur fondement scientifique. Les polémiques, qui font rage sur le sujet, portent moins sur la fiabilité de la technique actuarielle que sur l'usage qui en est fait.

L'évolution personnelle de Paul Guieysse, principal protagoniste du débat, contribue à faire bouger les lignes. Personnage aux talents multiples – polytechnicien et ingénieur hydrographe de formation, brillant égyptologue, député et ministre radical, un des fondateurs de la Ligue des droits de l'homme – il est l'un des plus éminents actuaires français pour le compte de la compagnie d'assurances L'Union, ancêtre de l'Union des assurances parisiennes (UAP). Porté à la présidence de l'Institut des actuaires formé en 1890, il est chargé de la direction d'un groupe d'experts en vue de réformer les tables officielles de mortalité Deparcieux et Duvillard, datant du XVIIIe siècle.

Dans son rapport adressé au ministre du Commerce, il observe que l'utilisation persistante, pendant des décennies, de méthodes de calcul manifestement erronées ne répondait qu'au seul but d'assurer des *« bénéfices convenables*[17] *»* aux compagnies. Il prend dès lors ses distances avec l'assurance commerciale, assimilée à *« un prétexte pour jeu de bourse*[18] *»*. Toutefois, après son adhésion aux valeurs du mutualisme, il ne cessera de souligner combien il importe de concilier l'idéal solidariste et la technique d'assurance pour le servir.

---

[17] Paul Guieysse, *Bulletin de l'Institut des actuaires français*, t. 3, 1893, p. 37.
[18] Paul Guieysse, *Note sur les tarifs de la société d'assurances mutuelles sur la vie, à cotisation fixe*, 1897, p 6.

Une ligne de démarcation entre les deux modes de prévoyance commence à s'affirmer, y compris au sein de l'élite républicaine libérale. Léon Say, quatre fois ministre des Finances, marque cette différenciation dans un rapport présenté à l'Exposition universelle de 1889 en ces termes : « *Les premières sont toujours des assurances de solidarité, les secondes le plus souvent des assurances de profit*[19]. » L'écrémage des mauvais risques s'impose comme une exigence vitale. L'implacable sélection des assurés détermine la réussite des entreprises d'assurances. Les données scientifiques cèdent alors le pas aux défiances irrationnelles, telles celles de ces médecins des compagnies d'assurances, réunis en congrès international, qui déclarent : « *Il y a presque toujours lieu de tenir en suspicion une femme qui vient s'assurer*[20]. » Alors que grandit la défiance à l'encontre de l'assurance de marché, l'opposition des mutualistes à la confusion des genres s'affirme.

## Le Comité permanent des mutualistes

La Chambre consultative de la Seine annonce la création d'un « Comité permanent des mutualistes », en 1892[21]. Cet organisme composé de 36 membres, dont 12 Parisiens, se présente comme la voix autorisée de l'Union nationale des présidents des sociétés de secours mutuels de France, née en 1889 dans une certaine discrétion. Le Comité est placé sous la présidence honorifique de Paul Berger, député de la Seine, et d'Édouard Aynard, député du Rhône, tous deux inscrits au groupe progressiste, réunissant les parlementaires de centre droit mobilisés contre le « péril socialiste ». Mais la réalité du pouvoir appartient à Léon Coumes, vice-président, et Victor

---

[19] Léon Say, *Exposition universelle de 1889. Économie sociale. Rapport général,* p. 262.
[20] Cité par Bernard Gibaud, *Mutualité, assurances (1850-1914). Les enjeux,* Economica, 1998, p. 124.
[21] *L'Union mutualiste,* n° 46, juillet 1892.

Savigny, secrétaire général. Charles Prevet, qui préside depuis 1888 l'importante société des voyageurs de commerce, forte de 6 000 membres, ne tarde pas à rejoindre le nouveau pôle mutualiste et à en devenir le principal dirigeant.

Le Comité s'assigne pour objectifs de : favoriser la coopération entre mutualistes de Paris et de province ; préparer les thèmes à soumettre au débat du congrès national ; recueillir à cet effet les vœux des groupements sur tout le territoire ; enfin, créer un nouveau journal indépendant de toute obédience politique, intitulé *La Mutualité,* qui prend le relais de *L'Union mutualiste.* Cette démarche apolitique en faveur d'une mutualité populaire, distincte des sociétés d'assurances, ne va pas sans paradoxes. À commencer par la personnalité de son leader, Charles Prevet, sénateur de la gauche républicaine, propriétaire d'entreprises industrielles et de grands groupes de presse.

Néanmoins, le refus d'adopter le mode de fonctionnement des compagnies constitue bien un dénominateur commun important pour les partisans de la mutualité « pure [22] ». Le rejet se fonde sur la conviction que ces techniques conduisent irrésistiblement vers l'assurance sociale obligatoire. L'assurance patronale contre les accidents du travail ne fonctionne-t-elle pas déjà dans de nombreuses entreprises, sur le principe de l'obligation ? La porte est ainsi ouverte à *« l'État Providence prôné par les collectivistes [23] »,* s'inquiète Charles Prevet. Des considérations morales soudent également ce courant. La conviction que les finalités lucratives du marché risquent de vider l'action mutualiste de toute substance solidariste grandit, au point de devenir l'argument majeur de la récusation. C'est tout naturellement Henri Vermont qui puise dans ses convictions chrétiennes les mots

[22] Terme emprunté à Martin Petitclerc, plus pertinent que « sentimentale », in « La solidarité face au marché, Quelques réflexions sur l'histoire de la Mutualité au Québec », *RECMA*, n° 283, février 2002, p. 67-76.
[23] Charles Prevet, *L'Éclair,* 13 août 1895.

marquant avec force la différence de nature entre les deux pratiques.

*« Cette agitation entretenue par quelques mutualistes parisiens ou autres me semble devoir être plus nuisible aux vrais intérêts de la mutualité française*[24] *»,* s'irrite Victor Lourties à l'été 1893. L'exhortation du président de la Ligue *« à se tenir en dehors des agitations factices et vaines »* n'a guère de chances d'être entendue, surtout depuis son accession au ministère du Commerce et de l'Industrie dans le cabinet Charles Dupuy, en mai 1894. Convaincu que la situation est favorable à la diffusion de la culture assurantielle, le président de la Ligue, devenu ministre, fait adopter le transfert de la tutelle sur la Mutualité du ministère de l'Intérieur à celui du Commerce, en faisant miroiter la fin de la surveillance policière.

## L'affaire du transfert

Le Comité permanent et son journal *La Mutualité* lancent une mobilisation générale contre le projet. Interventions publiques auprès des autorités, articles de presse, lancement d'une pétition nationale, convocation d'un mini-congrès, tels sont les moyens mis en œuvre pour obtenir son retrait. L'assemblée plénière représentant 1 125 sociétés, réunie le 6 janvier 1895, demande au gouvernement de renoncer à un transfert, dont *« les actuaires sont les instigateurs*[25] *».* La campagne mutualiste bénéficie alors de circonstances inattendues, liées au séisme politique qui secoue la France en ce début d'année 1895. La démission quasi simultanée du président du Conseil, Charles Dupuy, et du président de la République, Casimir Périer, sous la pression d'une gauche indignée par les excès sécuritaires des législations

[24] Victor Lourties, *Revue de la prévoyance et de la mutualité,* 1893, p. 313.

[25] *Bulletin des sociétés de secours mutuels,* 1895, p. 58.

« antianarchistes », dénoue opportunément la situation. Les relations avec les nouveaux dirigeants, notamment le président de la République, Félix Faure, se normalisent rapidement.

Le ministre de l'Intérieur, Georges Leygues, déclare à la Chambre, le 5 février 1895, vouloir réparer une faute, celle d'avoir engagé une réforme sans *« consulter les principaux et les seuls intéressés »*. Il propose de répondre favorablement à la demande de *statu quo* exprimée par un grand nombre de sociétés. Il est approuvé par 326 députés contre 171, non sans que les voix éminentes de Léon Bourgeois et de Léon Say soulignent la nécessité de donner des bases financières solides aux groupements mutualistes. Le problème de la connexité des techniques d'assurance et du fonctionnement des sociétés, loin d'être résolu par cet apaisement, demeure plus que jamais au cœur de l'évolution du mouvement.

L'affaire du transfert laissera des traces sur la compétition ouverte pour la conquête de la direction du mutualisme. L'antagonisme entre les deux pôles devient ostensible. Lorsque le conseil central de la Ligue affirme, en mai 1895 : *« Il y a un intérêt primordial à condenser toutes les institutions de prévoyance en une seule main »,* le Comité permanent des mutualistes rejette immédiatement une orientation conduisant à transformer les mutuelles *« en sociétés d'assurance individuelle »*. Événement rarissime, la division entre mutualistes, que Charles Prevet définit comme l'opposition entre les « théoriciens » et les « hommes d'action », est inscrite à l'ordre du jour du V^e^ congrès national, réuni à Saint-Étienne à la fin d'août 1895.

## Le congrès de Saint-Étienne

Les comptes rendus de Jules Arboux et Léon Coumes [26] témoignent chacun à sa manière de la véritable fracture

[26] *Revue de la prévoyance et de la mutualité,* 1895, p. 585-589, et *La Mutualité,* 10 septembre 1895.

doctrinale opposant les deux camps. Pour le secrétaire général de la Ligue, il ne fait aucun doute que la mise en cause systématique de son institution et le caractère chimérique de la plupart des résolutions adoptées tiennent au fait que *« c'est dans un milieu socialiste que le cinquième congrès national des sociétés de secours mutuels a été tenu »*. En revanche, le vice-président du Comité permanent estime que le congrès a fait œuvre utile en procédant aux clarifications nécessaires et en permettant notamment *« à la province de reprendre la tête du mouvement »*.

La Ligue paie le prix fort pour la bévue du transfert. La proposition de confier la présidence d'honneur à Victor Lourties provoque un tel tumulte que le président de séance, Eugène Joly, est contraint de la mettre aux voix. La décision est sans appel : 200 délégués contre 37 s'opposent à cette présence. Jules Arboux se désole de l'appellation ridicule de *« mutualistes en chambre*[27] *»* que l'on ne cesse de lancer contre les membres de la Ligue. Dans le feu de l'action contre l'assimilation aux compagnies d'assurances, on procède à l'incrimination systématique des actuaires. L'itinéraire de Paul Guieysse montre pourtant que cette catégorie d'experts peut s'affranchir de toute servitude à l'égard des finalités lucratives des compagnies.

Au-delà de quelques manifestations de partialité, il reste que le V^e^ congrès de Saint-Étienne marque une étape déterminante dans la construction d'un mutualisme à la française. Il consacre, après le divorce avec le syndicalisme, la seconde rupture constitutive de la mutualité contemporaine, celle d'une différenciation consciemment assumée avec l'assurance de marché. Henri Vermont est chargé de conduire une délégation de congressistes auprès de la commission

[27] Jules Arboux, *Histoire de seize ans*, *op. cit.*, p. 39.

parlementaire qui travaille à l'élaboration de la loi sur la Mutualité.

Il met en garde ses interlocuteurs, dans des termes imprégnés des joutes stéphanoises, au cours d'une discussion *« un peu vive »,* contre toute tentation d'amalgame, car, assure-t-il, *« l'assurance est œuvre d'égoïsme et d'intérêt privé et la mutualité œuvre de solidarité, de dévouement et d'intérêt général* [28] *».* Le constat fera école pour des générations successives de mutualistes, sans faire pour autant disparaître la requête, sans cesse renaissante, d'une convergence entre les deux pratiques. L'évolution continue des activités de production et de services exigeant une gestion *« plus technique du social* [29] *»,* l'assurance s'affirme encore et toujours, du point de vue des milieux dirigeants, comme l'outil privilégié de cette mutation.

---

[28] *La Mutualité,* 10 décembre 1895.

[29] Anne-Marie Guillemard, *Le déclin du social,* PUF, 1986, p. 54.

# Chapitre II
# Les influences contextuelles

On ne soulignera jamais assez l'effet produit par le rejet associatif sur l'architecture du mouvement social français. L'une de ses principales conséquences, le divorce entre la mutualité et le syndicalisme, offre une parfaite illustration de ce que l'on peut entendre par « exception française ». *« Tout aurait pu se passer autrement. Tout s'est passé autrement ailleurs »,* nous a montré Henri Hatzfeld [30], par ses recherches pionnières. Le constat de cette singularité n'implique aucun jugement de valeur sur ses résultats. On peut simplement observer que le barrage dressé contre l'association a été moins défavorable à l'institution mutualiste qu'au syndicalisme [31]. Le fossé entre le mouvement syndical ouvrier et la Mutualité se creuse inéluctablement, sous la IIIe République.

## L'irrésistible sécession

La pression exercée sur la liberté d'association pendant tout le XIXe siècle a fini par engendrer deux planètes distinctes au sein de l'univers social, sur le plan doctrinal et organisationnel. En 1882, la Chambre syndicale des ouvriers chapeliers de Paris abandonne le titre de société de secours

---

[30] Henri Hatzfeld, *Du paupérisme à la Sécurité sociale, 1850-1940,* Armand Colin, 1971, p. 321.

[31] Sur cette question cf. Michel Dreyfus, *Liberté, égalité, mutualité..., op. cit.*

mutuels, car la référence mutualiste constitue, selon elle, un handicap pour la défense des intérêts de ses adhérents et le maintien de leurs droits. L'aversion des syndicalistes ouvriers pour la mutualité, devenue *« un mal social profondément regrettable qu'il faut combattre*[32] *»,* n'a d'égale que l'animosité des mutualistes contre les *« chimères*[33] *»* de l'anticapitalisme, poursuivies par le syndicalisme d'action directe.

La loi du 21 mars 1884, autorisant les syndicats professionnels, valide la rupture, en dépit du maintien de quelques passerelles entre les deux mouvements. Le droit reconnu aux syndicats de former des sociétés de secours mutuels apparaît bien purement formel. Le texte interdit la circulation financière entre les deux institutions et par conséquent l'utilisation des fonds d'entraide pour l'action revendicative, comme cela se pratique en Grande-Bretagne. Tout au plus 8 % des syndicats s'engagent dans la création, souvent éphémère, de mutuelles. Quelques points de contact subsistent entre les deux mouvements, ici ou là, malgré la tendance à la séparation. L'enquête menée en 1899 par l'Office du travail sur les associations professionnelles ouvrières révèle la persistance de ces liens culturels, voire organiques. Les employés du commerce et de l'industrie, les ouvriers du livre et surtout les salariés de l'État, les enseignants, les postiers, les cantonniers, etc., parviennent à préserver durablement des formes de coopération entre mutuelles et syndicats.

La résistance au processus de séparation apparaît d'autant plus ponctuelle et minoritaire que la fracture devient politique, la majorité du mouvement socialiste épousant la défiance syndicale envers le mutualisme. Jules Guesde s'affirme comme l'un de ses plus constants procureurs. Principal

[32] In Michèle Marchal, *La Mutualité en Meurthe-et-Moselle avant 1945*, thèse de 3e cycle, Nancy II, 1985, p. 26.
[33] Hippolyte Maze, *Compte rendu du Ier congrès national..., op. cit.*, p. 316.

animateur, en 1879, de *« l'immortel congrès »* de Marseille reléguant la Mutualité dans les oubliettes de l'histoire, il confirme vingt ans plus tard sa condamnation sans appel : *« Le secours mutuel entre ceux qui n'ont rien, parce qu'on leur a tout pris, est le dernier mot de la duperie* [34]. » Édouard Vaillant et surtout Jean Jaurès refusent de se joindre à cette réprobation. Mieux, les deux dirigeants socialistes estiment que la Mutualité doit jouer un rôle majeur dans les projets d'assurance sociale en gestation.

Jean Jaurès fonde son analyse de l'appartenance légitime des sociétés de secours mutuels au mouvement social sur la réalité du monde du travail. *Le rapport au Président de la République* de 1895 ne dénombre-t-il pas 3 000 sociétés professionnelles réunissant 550 000 sociétaires, alors qu'on ne compte que 2 163 syndicats d'ouvriers comprenant 420 000 inscrits, malgré la loi de 1884 ? Il est grand temps pour le législateur de mettre fin aux valses-hésitations qui retardent le vote de la législation promise à la Mutualité. Le Musée social, inauguré en avril 1895, s'affirme d'emblée comme un catalyseur des énergies en faveur de cet objectif.

## Le Musée social

Créé à l'initiative d'un industriel philanthrope, le comte de Chambrun, propriétaire des cristalleries de Baccarat, le Musée social s'impose rapidement comme la plaque tournante de la réforme sociale, à la fin du XIXe siècle. La pléiade de réformateurs sociaux qui le gouverne, Léon Say, Émile Cheysson, Jules Siegfried, Paul Guieysse, etc., manifeste d'emblée un vif intérêt pour la Mutualité. Au point que l'on ne tarde pas à considérer le Musée social comme *« le cabinet de*

[34] *La Petite République*, 21 août 1898.

*consultation scientifique de la Mutualité nationale*[35] ». L'identité mutualiste moderne, visant à associer la solidarité sociale et la technique d'assurance, reçoit de son nouveau précepteur une impulsion prépondérante. Mais cette intervention ne se limite pas à la dimension doctrinale, elle porte aussi sur la mise en place des hommes et des structures. Le directeur du Musée social, Léopold Mabilleau, deviendra, on le sait, le premier président de la FNMF et le Musée abritera pendant près de vingt ans le siège fédéral.

La Ligue de la prévoyance et de la mutualité, qui redoute de perdre son leadership, marque quelque ombrage devant les ambitions mutualistes de la nouvelle institution. Mais la répartition des tâches et des hommes, Émile Cheysson assumant une vice-présidence dans les deux organismes, permet d'assurer *« un modus vivendi*[36] *»*. Le Musée est rapidement surnommé « l'antichambre de la Chambre », en raison de la courte distance qui sépare la rue Las-Cases du Palais-Bourbon et de son autorité croissante sur la question des rapports sociaux. L'élaboration de la Charte de la Mutualité trouve une part de son inspiration dans ce creuset intellectuel.

Le Musée bénéficie de la compétence et de la diversité des spécialistes du savoir actuariel. À côté de Paul Guieysse, qui évolue vers le mutualisme et l'assurance sociale, on découvre la personnalité ambivalente de Léon Marie, proche des entreprises d'assurances de marché par sa fonction de sous-directeur à la compagnie Le Phénix. Aucun doute à ses yeux, les mutuelles doivent se transformer en sociétés d'assurances. Mais son emprise se révèle finalement moins unilatérale. Sa remarquable maîtrise technique concourt à

[35] Léon Bourgeois, *Discours prononcé au banquet offert à Léopold Mabilleau,* 20 décembre 1901, Bibliothèque du Musée social, p. 3.
[36] *Revue de la prévoyance et de la mutualité*, 1895, p. 395.

prémunir les groupements du redoutable piège des « pseudo-mutualités ».

Le succès considérable, à l'époque, d'associations plus proches de la tontine que de la mutuelle, telles que La France prévoyante ou Les Prévoyants de l'avenir, représente un péril pour le mouvement mutualiste. Léon Marie, en dévoilant en 1894 l'imposture de sociétés qui n'ont d'autre objet que d'assurer aux membres dits « fondateurs » des avantages exorbitants, a le mérite de poser l'un des principes majeurs de la future Charte, celui garantissant l'égalité des charges et des droits en mutualité.

## Léon Bourgeois, le solidarisme et le Parti radical

Léon Bourgeois fréquente le Musée social, mais il n'appartient pas au cercle tutélaire. Sa contribution à l'accomplissement fédératif de la Mutualité, probablement la plus déterminante de toutes, va s'exercer sur le double terrain de la pensée et de l'action. Un doctorat de droit le conduit à la préfectorale, puis au siège de député radical en 1888. Il est titulaire de tous les grands postes ministériels jusqu'à la Première Guerre mondiale, y compris celui de président du Conseil en 1895. On lui doit à cette occasion une législation garantissant la pérennité des fonds sociaux ouvriers, trop souvent confondus auparavant, en cas de faillite, avec le patrimoine de l'entreprise. Le législateur de 1945 utilisera ce texte pour créer les institutions de prévoyance en milieu professionnel [37].

La publication de *Solidarité,* en 1896, fournit l'inspiration doctrinale pour tous ceux qui refusent le « laisser-faire » libéral et le socialisme étatique. S'il n'est l'inventeur ni

[37] Selon le témoignage de Pierre Laroque, in *Concurrences et solidarité, la protection sociale complémentaire depuis 1945,* de Jean-Noël Chopart et Bernard Gibaud, rapport réalisé pour la Mission interministérielle recherche-expérimentation (MIRE), 1989, p. 309.

du mot ni du concept – Pierre Leroux et Émile Durkheim, notamment, le précèdent –, Léon Bourgeois s'affirme comme l'un des plus efficaces promoteurs de la nouvelle doctrine. Le solidarisme se fonde sur les découvertes biologiques qui ont révélé l'interdépendance existant entre chacune des parties constitutives de l'être vivant. Léon Bourgeois, qui ne cesse de souligner sa dette à Pasteur, transfère avec un talent pédagogique ces données scientifiques sur le terrain politique et social.

La libre entreprise, la concurrence, n'ont été jusqu'alors que *« la justification des excès de la force »*. Tout en récusant le postulat de la table rase révolutionnaire, Léon Bourgeois préconise la mise en place d'un solide contrepoids à l'hégémonie de l'individualisme libéral. Le simple fait de naître implique, selon lui, l'existence d'un « quasi-contrat » : *« L'homme, vivant dans la société et ne pouvant vivre sans elle, est à toute heure un débiteur envers elle. Là est la base de ses devoirs, la charge de sa liberté. L'obéissance au devoir social est la reconnaissance d'une dette*[38]. » Cette position de débiteur impose à chacun des obligations à l'égard de la société. Les prélèvements obligatoires ne représentent pas une atteinte à la liberté des individus, mais un remboursement. Cette justification avant la lettre de l'assurance sociale obligatoire provoque la franche hostilité des milieux de l'assurance. *L'Argus* va jusqu'à mener campagne contre Léon Bourgeois aux élections législatives de 1898 – sans succès d'ailleurs.

La doctrine solidariste fournit le soubassement idéologique sur lequel se constitue, en juin 1901, le Parti radical. Léon Bourgeois est l'un des principaux artisans de la transformation du courant radical, apparu dans le premier tiers du XIX$^{e}$ siècle, en parti politique. Outre un fond doctrinal

[38] Léon Bourgeois, *Solidarité,* A. Colin, 1896, p. 101-102.

commun, les relations de proximité durablement développées entre cette formation politique et le mutualisme s'expliquent par plusieurs facteurs convergents. Première forte parenté : *« L'originalité de cette création tient à ce que, loin de constituer une organisation* ex nihilo, *elle s'efforce d'encadrer une réalité foisonnante, complexe qui lui est très antérieure et qu'elle englobera longtemps imparfaitement*[39]. *»* La marche vers le rassemblement dans la diversité des radicaux ressemble à s'y méprendre à celle de la Mutualité, tant l'aspiration à l'autonomie est omniprésente dans les deux cas.

Le poids des classes moyennes dans l'origine sociale des adhérents et des responsables représente un autre facteur d'affinité. Le Parti radical comme le mouvement mutualiste tirent principalement leur force des professions libérales, des travailleurs indépendants, du petit patronat, des cadres du secteur privé, des salariés de l'État et, à un degré moindre, des exploitants agricoles. Les notables locaux forment dans l'un et l'autre cas l'ossature de base. La laïcité, valeur forte du radicalisme, plus discrète au sein du mutualisme, n'y est pas moins effective. N'oublions pas que les tentatives cléricales pour la conquête des sociétés de secours mutuels, lancées sous le Second Empire, se sont soldées par un échec cuisant, de l'aveu même de leurs instigateurs. Catholicisme et républicanisme ne font guère, il est vrai, bon ménage jusqu'à la fin du XIX^e^ siècle.

La rencontre entre le mutualisme et le radicalisme n'a, dans ces conditions, rien de fortuit. Nombre de personnalités radicales ont fait leur entrée dans la vie sociale par l'animation d'une société de secours mutuels. On ne peut cependant établir une corrélation trop étroite entre l'implantation des zones de force radicales et mutualistes, les bastions radicaux ne

---

[39] Serge Berstein, *Histoire du Parti radical. La recherche de l'âge d'or,* 1919-1926, Presses de la Fondation nationale des sciences politiques, 1980, p. 23.

correspondant pas toujours à un taux élevé de mutualisation. Mais au-delà de ce décalage, pour partie lié au développement fatalement inégal de deux formations, il reste l'expression du vif intérêt politique des radicaux à l'égard de la mutualité. La part déterminante prise par les conseils généraux qu'ils dirigent pour la restauration du taux privilégié de 4,5 % en témoigne.

Enfin, dernière source de connexion, l'influence maçonnique, revendiquée et structurelle au Parti radical, 155 loges participant à part entière au congrès constitutif de 1901, s'affirme également en mutualité, quoique de façon plus diffuse. Le cri d'alarme lancé au début du XX^e^ siècle par l'Association de la jeunesse catholique, selon laquelle *« les Francs-maçons tendent à s'emparer de plus en plus du mouvement mutualiste* [40] *»,* convient à coup sûr d'être nuancé, une telle emprise s'avérant difficile à évaluer dans l'état actuel de nos connaissances. Si la revendication de ce type d'obédience peut aisément s'assumer dans le cadre d'un engagement politique républicain, cet affichage s'avère peu compatible avec l'obligation de réserve neutraliste, théoriquement exigée en mutualité.

Reste l'existence d'un réel compagnonnage entre la franc-maçonnerie et les aspirations du mouvement social. L'empreinte maçonne s'observe aisément sur les grandes lois laïques et sociales de la III^e^ République. La séparation de l'Église et de l'État, la création du Code du travail, les retraites ouvrières, l'impôt sur le revenu ont fait l'objet de longs débats dans les convents du Grand-Orient et de la Grande Loge, avec la participation de certains de leurs artisans gouvernementaux : Jules Ferry, Félix Faure, Charles-Dupuy,

[40] *La Revue de la jeunesse catholique*, avril-juin 1904, p. 400.

Paul Guieysse, Léon Bourgeois, Émile Loubet, Paul Deschanel et René Viviani[41].

Le premier président de la Mutualité française, Léopold Mabilleau, appartient-il à la franc-maçonnerie, comme peut le laisser supposer ses liens de proximité avec Léon Bourgeois, figure de proue de l'institution philosophique ? Bien que l'intéressé n'ait laissé aucune indication publique sur le sujet, on doit prêter attention à l'observation faite en 1969 par son huitième successeur, André Borveau. Selon ce dernier, il était à cette époque le seul président, avec Arnaud Duben, à ne pas avoir appartenu à la franc-maçonnerie depuis 1902 [42]. Un fait est en tout cas avéré, l'édification fédérale bénéficie du concours de nombreuses personnalités radicales d'obédience maçonnique.

## Henri Vermont et le christianisme social

La présence active d'Henri Vermont sur le chantier du fédéralisme mutualiste atteste que l'ascendant franc-maçon supposé n'interdit nullement à un catholique convaincu d'y jouer un rôle de premier plan. Sa participation ininterrompue à l'organisation des congrès nationaux de la Mutualité du I^er^ en 1883 au XIV^e^ (Strasbourg, 1926) et sa nomination en 1904 au poste de vice-président de la toute jeune FNMF témoignent d'un crédit indiscutable, malgré une relative marginalité. Avocat rouennais, il est devenu, en 1872, président de l'Émulation chrétienne de Rouen, importante société de secours mutuels fondée en 1849 [43]. Le niveau exceptionnel de

---

[41] La convergence persistera au plus haut niveau jusqu'à la fin de la III^e^ République, comme en témoigne le parcours de l'un des chefs de file du Parti radical-socialiste, Camille Chautemps ; cumulant au cours de la période les responsabilités de : député du Loir-et-Cher, maire de Tours, membre de la Grande Loge de France, la présidence du Conseil à trois reprises et de président honoraire de l'Union départementale de la mutualité tourangelle, in Jean-Luc Souchet, *La Mutualité tourangelle. Creuset de solidarité,* Mutualité de l'Indre-et-Loire, 2000, p.98.

[42] André Borveau, *Mes Mémoires,* 3^e^ cahier, service de documentation FNMF, p. 50.

[43] Cf. Yannick Marec, « L'apôtre de la mutualité : Henri Vermont (1826-1928), président de l'Émulation chrétienne de Rouen », *La Revue de l'économie sociale,* janvier 1987, p. 23-59.

ses effectifs, 2 000 sociétaires, la classe au tout premier rang des mutuelles françaises. Sous sa direction, elle atteint plus de 4 000 adhérents à la veille de 1914, avant un déclin amorcé au lendemain du conflit mondial.

Certes, l'administration préfectorale estime que la dimension caritative tend à occuper une place trop importante dans le fonctionnement de la société. Elle lui reproche l'organisation de quêtes et de souscriptions destinées à distribuer des oboles, incompatibles avec les droits et les obligations fixés par la loi. Le pape Léon XIII, en revanche, loue le caractère exemplaire du compromis réalisé entre la charité et la solidarité par l'Émulation chrétienne, dans l'encyclique sur la condition ouvrière *Rerum Novarum,* publiée en 1891. Le satisfecit papal est d'autant plus justifié, selon l'archevêque de Rouen, que *« l'idée mutualiste est, avant tout, une idée chrétienne* [44] ». Quoi qu'il en soit, c'est en tant que personnage représentatif du christianisme social qu'Henri Vermont prend part aux mutations de la Mutualité française au tournant des XIXe et XXe siècles.

Son action s'exerce selon deux axes concomitants : le refus catégorique d'aligner le fonctionnement des mutuelles sur celui des compagnies d'assurance et le rejet, tout aussi absolu, du principe « liberticide » de l'assurance sociale obligatoire, le premier péril conduisant inéluctablement au second. Si Henri Vermont connaît finalement l'échec dans la bataille contre l'obligation, son intervention visant à protéger les sociétés de secours mutuels de la normalisation assurantielle lui assure un véritable rayonnement dans la communauté mutualiste. Il s'est affirmé comme le principal porte-parole de la résistance à l'hégémonie des entreprises financières, exprimée à l'occasion du Ve congrès de Saint-Étienne (1895).

---

[44] Lettre pastorale de l'archevêque de Rouen, *Les sociétés de secours mutuels,* 1892, p. 773.

Le rejet de la confusion des genres, pour préserver le caractère mutualiste de solidarité sociale, n'est pas le seul argument d'Henri Vermont. Sa détermination se nourrit également de considérations morales et sociales. Il reproduit la séculaire répulsion catholique à l'égard de l'assurance vie, accusée de prétendre se substituer au Tout-Puissant pour la protection de l'humanité. L'influence persistante de cette référence morale et religieuse jusqu'à la seconde moitié du XIX^e^ siècle a fortement contribué au retard de la France dans le développement des techniques d'assurance, comparativement aux pays de religion réformée, comme la Grande-Bretagne et les Pays-Bas. Enfin, l'avocat rouennais exprime en permanence la crainte d'un enchaînement irrémédiable entre l'assurance privée, déjà obligatoire dans nombre d'entreprises pour la couverture des accidents du travail, et la généralisation de l'assurance sociale.

Quel que soit le caractère contrasté de ses motivations, Henri Vermont doit être considéré comme une source d'inspiration importante pour la réforme du cadre juridique mutualiste en avril 1898. Il est l'un des rares, sinon le seul, à saluer *« d'un cri joyeux »* la nouvelle Charte de la Mutualité, l'été suivant au VI^e^ congrès national, réuni à Reims. Nul doute, la loi nouvelle *« a respecté nos droits, étendu notre action, augmenté nos avantages et notre liberté »*. L'enthousiasme du président de l'Émulation chrétienne pose toutefois une question : cette libéralisation n'a-t-elle pas fait la mariée trop belle ?

## La Charte de la Mutualité

Publiée le 1^er^ avril 1898, la Charte républicaine ouvre à la Mutualité de nouveaux espaces de liberté, qui vont lui permettre d'acquérir les traits de son identité contemporaine [45]. La création des mutuelles est affranchie de toute entrave politique, le contrôle de l'État ne devant se justifier que pour des motifs techniques. La limite communale imposée aux sociétés ainsi que la notion de seuil maximum pour le nombre de sociétaires sont supprimées. Le recrutement peut s'exercer désormais sur la totalité du territoire. Enfin, dernière faculté et non la moindre, les sociétés sont autorisées à former des unions entre elles. Pour favoriser la mise en œuvre des nouvelles règles, un organisme, composé pour moitié de représentants élus par les sociétés, est institué : le Conseil supérieur des sociétés de secours mutuels. Les conditions de création d'un organe fédéral viennent à maturité.

Ni œuvre charitable, ni institution d'assurance commerciale, la Mutualité française se voit reconnaître un rôle d'intérêt général dans la mise en place d'une protection volontaire contre la maladie qui ne relève ni de l'État ni du marché. L'intervention mutualiste s'appliquant à la couverture des risques « lourds », comme la retraite, le décès, l'invalidité, etc., est mise en demeure d'adopter des règles prudentielles, garantissant l'équilibre entre les cotisations et les prestations. Mais si la loi proclame la péréquation nécessaire entre recettes et dépenses, les moyens permettant d'en contrôler l'exécution vont demeurer en partie théoriques. Ainsi, les tables de mortalité et de morbidité, qui devaient être réalisées dans un délai de deux ans selon la prescription de l'article 36, seront toujours à l'étude des décennies plus tard.

Le compromis entre l'efficacité économique et la cohésion sociale, réalisé à travers la loi de 1898, est probablement resté en deçà de la rigueur gestionnaire exigible. Le mouvement mutualiste s'est en quelque sorte arrêté au milieu du gué, entre tradition et modernité. L'attachement inconditionnel à la prévoyance individuelle et volontaire n'a

---

[45] Cf. *Démocratie, solidarité et mutualité. Autour de la loi de 1898,* sous la direction de Michel Dreyfus, Bernard Gibaud, André Gueslin, Economica, 1999.

pas permis de modifier des formules issues de la société préindustrielle, telles que « à cotisations égales, prestations égales ». Cette conception pseudo-égalitariste finira par constituer ultérieurement un véritable handicap pour l'intervention mutualiste dans l'assurance collective professionnelle et dans les opérations à long terme.

L'hostilité des sociétés de secours mutuels à l'égard de l'assurance sociale obligatoire se fonde paradoxalement sur une défiance analogue à celle manifestée à l'encontre des techniques actuarielles, jugées dangereuses par nature pour la liberté des mutualistes. Cette complicité supposée de l'État et du marché est mise en lumière par Henri Vermont dans une lettre adressée au préfet de Seine-Inférieure, quelques années après le vote de la Charte de la Mutualité : *« Pendant les 16 ans qui ont précédé la loi de 1898, nous avons constamment lutté contre la prétention par laquelle Messieurs les actuaires et les membres des commissions parlementaires voulaient bureaucratiser la mutualité, changer son administration et la transformer en assurances en lui appliquant toutes les règles de ces associations financières et commerciales*[46]*. »*

Cette législation, en dépit de ses insuffisances, a tracé durablement, pour le meilleur et pour le pire, une frontière entre l'assurance de marché et l'assurance de solidarité. L'un des auteurs de ce compromis républicain, Georges Paulet, directeur de l'Assurance et de la Prévoyance sociales, en a parfaitement résumé la portée : *« Fruit d'une longue étude et de nombreuses transactions, la législation nouvelle n'est peut-être pas pour contenter ni les partisans du laissez-faire charitable, ni ceux de la péréquation rigoureuse des*

[46] Cité par Yannick Marec, *Histoires et mesures,* Centre national de la recherche scientifique, 1988, p. 100.

*engagements et des ressources dans de véritables sociétés d'assurances*[47]. »

Avec la loi de 1898, la construction fédérale est véritablement lancée. Le personnel politique accentue sa pression pour que le débat entre les deux écoles mutualistes débouche sur la création d'une structure nationale unique. Une chose est certaine, la Mutualité ne souffre guère de l'indifférence. Les offres de service, plus ou moins désintéressées, abondent dans les allées du pouvoir républicain.

[47] Georges Paulet, « Société de secours mutuels. Loi du 1er avril 1898, relative aux sociétés de secours mutuels », *Revue de législation ouvrière et sociale*, 1898, p. 159.

# Chapitre III
## *« Ce siècle avait deux ans [48] »*

Le succès des radicaux aux élections législatives de 1898 renforce, au sein des milieux républicains, le courant favorable à la Mutualité. En recueillant 2 millions de voix, soit 27,5 % des suffrages exprimés, le courant radical se place au premier rang des formations politiques ; les socialistes totalisent pour leur part près de 13 %. Bien que la Charte de la Mutualité soit l'œuvre de Jules Méline, conservateur convaincu et rude adversaire des francs-maçons, la présence d'amis plus proches dans les allées du pouvoir, le ministère Waldeck-Rousseau notamment, ne peut qu'encourager les mutualistes à revendiquer toute leur place dans les projets sociaux à l'étude. En contrepartie, les hommes de gouvernement se font plus exigeants pour que soit surmonté le défaut de cohésion qui handicape le mouvement mutualiste. Situation paradoxale, les objections au fédéralisme s'expriment désormais davantage à l'intérieur qu'à l'extérieur de la sphère mutualiste.

Alors que la loi favorise un processus unificateur, la question n'est pas évoquée au VIe congrès de Reims, en août 1898. Le courant du mutualisme « sentimental » s'efforce cependant de coopérer avec les hommes politiques favorables à la fédéralisation. L'Union nationale des présidents de sociétés de secours mutuels et son Comité permanent des

[48] Victor Hugo, *Les feuilles d'automne.* Le grand écrivain ne reconnaît-il pas dans la mutualité, en 1885, un chemin vers son idéal de solidarité, en accordant son parrainage à la société de secours mutuels le Soutien fraternel, que viennent de constituer des employés des Postes et Télégraphes ? Cf. Gilles Heuré, *Histoire de la mutuelle générale des PTT,* t. 1, Mutualité française, coll. « Racines mutualistes », 1991, p. 36.

mutualistes s'engagent les premiers dans cette voie. Ils obtiennent, en juin 1897, l'approbation du président de la République sur un projet de fédération. Au cours d'une seconde audience, Félix Faure, qui se proclame volontiers *« le premier mutualiste de France »,* accepte de prendre la présidence d'honneur de l'association dite « Fédération nationale mutualiste », le 15 décembre 1898.

La Fédération, administrée par le bureau de l'Union selon les statuts, apparaît quelque peu factice. Une étrange hiérarchie est établie entre les deux institutions : *« L'Union continue son œuvre plutôt théorique et la Fédération va entrer hardiment dans la pratique*[49]*. »* La tête et les jambes en quelque sorte ! Les principales personnalités réformatrices de la République – Louis Barthou, Léon Bourgeois, Charles-Dupuy, Paul Deschanel, Georges Leygues, Émile Loubet, Pierre Waldeck-Rousseau – figurent parmi les membres d'honneur. Le triumvirat dirigeant l'Union nationale, Charles Prevet, Victor Savigny et Léon Coumes, semble avoir pris l'avantage sur la Ligue. Reste que leurs puissants protecteurs, insensibles aux querelles d'écoles, invitent inlassablement les parties en présence à réaliser une véritable synthèse.

## Une ascension fulgurante

Léopold Mabilleau s'affirme dès lors comme l'homme de la situation. Étranger aux disputes qui divisent la communauté mutualiste, le directeur du Musée social possède l'envergure intellectuelle pour devenir le maître du jeu. De brillantes études à l'École normale supérieure – il sort major de sa promotion à l'agrégation de philosophie en 1876 – l'orientent vers une carrière universitaire. Il occupe peu après la chaire de professeur de philosophie grecque et latine au Collège de

---

[49] *La Mutualité,* 30 décembre 1898.

France. Des liens personnels avec le comte de Chambrun, fondateur du Musée social, le sensibilisent à l'étude des problèmes sociaux. Le poste de directeur de ce véritable office de la réforme sociale lui échoit en 1897.

S'il s'intéresse aux coopératives, dont il enseigne la discipline à la faculté de droit de Paris, Léopold Mabilleau reconnaît volontiers être un pur novice en mutualité, qu'il découvre au VIe congrès national, réuni à Reims en août 1898. Évoquant ultérieurement cette rencontre, il dit avoir reçu là *« un véritable trait de lumière, pour la première fois il sent vibrer l'âme de la Mutualité*[50] *»*. À 45 ans, le professeur de philosophie a exploré bien des domaines de la pensée abstraite et de l'art, mais ses capacités d'homme d'action, sur le plan oratoire notamment, sont demeurées inexploitées. En quelques semaines, le néophyte se convertit en propagandiste efficace de la prévoyance. Léopold Mabilleau s'installe pour longtemps au firmament mutualiste.

La présentation d'une conférence sur l'avenir de la Mutualité, le 22 novembre 1898, initialement confiée à Charles-Dupuy, marque le point de départ de cette métamorphose. La nomination, au début du mois, du député progressiste aux postes de président du Conseil des ministres et de ministre de l'Intérieur commande un échange des rôles : le directeur du Musée social assurera la conférence sous la présidence du chef du gouvernement. La destinée du mutualisme connaît une impulsion majeure à la faveur de cette permutation. La conférence présentée par Léopold Mabilleau, outre l'évaluation inédite du niveau de mutualisation en France, ouvre des perspectives pour son développement par une association nouvelle de l'intervention de l'État et des capacités d'innovation du mouvement.

---

[50] Jean Hébrard, *Almanach de la Mutualité française,* 1913, p. 44.

Les sociétés de secours mutuels forment déjà le plus vaste rassemblement humain du pays avec 2 millions d'adhérents et 10 000 mutuelles. Mais les 9 millions de sociétaires des *friendly societies* et les 18 millions d'assujettis des offices allemands d'assurances sociales invitent à la modestie. Léopold Mabilleau manifeste un certain courage, compte tenu des penchants de son auditoire, en n'excluant pas le recours à l'obligation pour rendre effective l'organisation de la solidarité sociale. Il approuve, toutefois, le choix du principe de liberté, fait en 1898, pour poser les bases du régime français de protection sociale.

La réussite de cette ambition dépend de la capacité des mutualistes à mettre fin à leur dispersion interne. Le maître mot est l'union entre tous les groupements. *« C'est ainsi que j'entrevois l'avenir de la mutualité française : un réseau de sociétés répandues sur tout le territoire, hiérarchiquement organisées et fédérées ensemble dans des associations vouées à des fonctions de plus en plus étendues ; au sommet, un grand conseil de prévoyance réunissant les plus hautes compétences, les dévouements les plus éprouvés, et présidé par un homme – le premier de France – qui, mettant toutes ses forces et toute son autorité au service de l'institution, en attesterait par ce concours le pur et patriotique intérêt*[51]*. »* Les plans du devenir mutualiste, et du sien, sont dressés. Reste à trouver les conditions de leur mise en œuvre.

## Les contrecoups de deux disparitions

Le décès « inattendu » de Félix Faure, en février 1899, s'il contrarie le projet de Fédération lancé par l'Union nationale, ébranle surtout la fragile stabilité de la République, à la veille du second procès du capitaine Dreyfus. L'extrême

---

[51] *Musée social*, série A, circulaire n°24, « L'avenir de la mutualité », 22 décembre 1898, p. 582.

droite populiste et antirépublicaine tire prétexte des circonstances vaudevillesques de la disparition du président de la République, au cours d'un des « entretiens galants » dont il était coutumier [52], pour tenter un coup d'État sous la conduite de Déroulède et de Barrès. Le fiasco de ce *pronunciamiento* ridicule ne peut effacer un certain malaise parmi les républicains. L'Union nationale obtient certes rapidement l'accord du nouveau président de la République pour prendre la succession de Félix Faure dans l'entreprise fédéraliste en cours. Mais à la différence de son prédécesseur, Émile Loubet, en dépit d'un passé mutualiste de président de la société de Montélimar, ne semble pas vouloir s'engager dans le débat fédéral.

*La Mutualité*, organe de l'Union nationale et depuis peu de la Fédération nationale mutualiste, s'efforce de cultiver un certain optimisme en publiant les messages d'adhésions envoyés par les groupements. Des réserves s'expriment pourtant dans ses rangs, à l'égard non de l'idée fédérale, mais d'un certain esprit partisan dans la mise en œuvre. Jean-Cyrille Cavé, dont le rayonnement est considérable dans le mouvement depuis la création de son système de mutualité scolaire, regrette ainsi un défaut de conciliation entre les deux écoles. Certes, d'un côté, avec *« l'école de l'assurance »*, il y a l'intransigeance du chiffre et de la logique financière. Mais sur l'autre bord, *« l'école du sentiment »* conduit parfois à l'imprudence et aux déconvenues. Quitte à irriter ses amis, il constate : *« La vérité comme en beaucoup de choses serait peut-être bien près d'un bon milieu* [53]*. »*

Le Ier congrès international de la Mutualité, réuni à Paris en juin 1900 [54], à l'initiative de la Ligue, fournit l'occasion d'une confrontation entre les principales sensibilités

[52] Serge Berstein, *Chef de l'État*, Armand Colin, 2002, p. 84.
[53] *La Mutualité*, 30 juin 1899.
[54] Cf. *Mutualités de tous les pays, un passé riche d'avenir,* sous la direction de Michel Dreyfus et Bernard Gibaud, Mutualité française, 1995.

mutualistes. La tournure des débats, très franco-française, porte principalement sur la classique opposition entre liberté et obligation. Face à la thèse ultralibérale défendue par le rapporteur, Jules Arboux, Léopold Mabilleau revendique davantage de lucidité sur les limites du libéralisme social à la française, surtout si on le compare à l'expérience allemande. Les résultats de la prévoyance libre sont très décevants. L'effort mutualiste en matière de retraite représente moins de 1 % du coût estimé de la réforme en cours d'élaboration sur les pensions de vieillesse.

Tout en marquant là son impuissance, la liberté « subsidiée » génère une véritable injustice. Léopold Mabilleau ne manque pas de courage en affirmant : *« Le principal avantage de l'obligation est de protéger l'homme contre le gaspillage et l'incurie naturels. En France, l'État se dispense de ce soin : il n'aide que ceux qui n'ont pas besoin de lui pour savoir ou pouvoir épargner* [55]. » Quoi qu'il en soit, le mutualisme n'a d'avenir que s'il réalise la convergence de toutes ses forces. *« Jusqu'à présent, disons-le, il y a eu des sociétés mutuelles, il n'y a pas eu de mutualité, je veux dire d'institutions ayant une unité de vues et de moyens* [56]. »

La nécessité d'un mouvement structuré est encore loin de rassembler toutes les familles mutualistes. Cet atermoiement irrite les représentants de la puissance publique. Paul Deschanel, président de la Chambre des députés, recevant au Palais-Bourbon les présidents des principales sociétés de secours mutuels de la Seine, le 24 décembre 1899, enjoint *« les scientifiques et les sentimentaux à marcher la main dans la main* [57] ». La constitution d'une véritable Fédération nationale, indispensable instrument de ce rassemblement, est

---

[55] *Premier congrès international de la Mutualité (Paris, 6-10 juin 1900)*, p. 73.
[56] *Ibidem*, p. 74.
[57] *Bulletin des sociétés de secours mutuels*, 1900, p. 21.

enfin à l'ordre du jour au VII^e^ congrès national, réuni à Limoges en août 1901.

Évolution significative, le rapporteur justifie la perspective fédérale par la nécessité de corriger les inégalités qu'engendre un niveau différent de protection entre groupements. Le fédéralisme s'impose ici comme l'instrument irremplaçable de la solidarité. Si Jules Arboux ne garde pas un bon souvenir du congrès de Limoges, où selon lui *« les collectivistes étaient en grand nombre*[58] *»,* il ne peut qu'être satisfait par l'attentisme de la résolution sur la question fédérale. La montagne a accouché d'une commission d'étude, en vue d'établir les bases définitives de la Fédération au congrès suivant, en 1904. Dans l'immédiat, une sévère mise en garde est lancée *« contre toute tentative individuelle prématurée d'organisation nationale*[59] *».*

Mais là encore, un événement bouscule ce schéma frileux. Victor Savigny, secrétaire général de l'Union nationale et maître d'œuvre de son entreprise fédérale, décède en novembre 1901. Cette disparition met fin au projet, dont l'ajournement avait d'ailleurs été décidé quelques semaines auparavant. La voie est désormais ouverte pour Léopold Mabilleau, demeuré dans une prudente expectative à l'égard de la défunte Fédération virtuelle. Lui seul, en raison de son talent et de son appartenance à l'Union et à la Ligue, possède les atouts nécessaires pour construire le pôle de rassemblement.

## L'ouverture du chantier fédéral

Après la gestion solitaire de Victor Savigny, une réorganisation s'impose à l'Union nationale. Léopold Mabilleau accède à la vice-présidence, en compagnie de Jean-

---

[58] Jules Arboux, *Revue de la prévoyance et de la mutualité,* 1901, p. 721.
[59] *Compte rendu du VII^e^ congrès national des sociétés de secours mutuels.*

Cyrille Cavé et d'Henri Vermont, aux côtés du président Charles Prevet. Mettant à profit ses fonctions de directeur du Musée social, il met à la disposition de l'Union des salles pour la conservation de ses archives et la tenue des réunions. S'il est au centre de la toile, cela tient moins à ses atouts professionnels qu'à un réel pouvoir de séduction intellectuelle. L'engouement exprimé publiquement par Jean Barberet, dont nous connaissons la rigueur de l'engagement social depuis trente années [60], en offre le plus éloquent témoignage. À l'occasion d'une réunion de l'Union régionale mutualiste du Nord, le directeur de la Mutualité au ministère de l'Intérieur exprime son admiration non seulement pour *« un talent de parole élégant et châtié »*, mais surtout pour le fait qu'*« il est merveilleusement préparé pour traiter les brûlantes questions de l'économie sociale, et personne mieux que lui ne saurait les aborder avec la lucidité qui leur revient* [61] *»*.

Sa maîtrise de la problématique mutualiste est d'autant plus impressionnante qu'il l'a découverte depuis moins de trois ans. Autre signe de cette fulgurance, il obtient une chaire de prévoyance et d'assurance sociale, spécialement créée pour lui au Conservatoire national des arts et métiers [62], en 1900. La consécration officielle de son statut de « présidentiable », lui est enfin délivrée par Léon Bourgeois, son seul et véritable mentor. Au cours d'un banquet organisé le 20 décembre 1901 en l'honneur du directeur du Musée social, à l'occasion de la remise de la médaille d'or de la Mutualité, le fondateur du solidarisme le désigne comme l'architecte en chef du chantier fédéral, dont il pose la première pierre.

Léon Bourgeois, après avoir indiqué sobrement pourquoi Léopold Mabilleau est l'homme de la situation, s'attache

---

[60] Cf. *infra* p. 11.

[61] *Bulletin des sociétés de secours mutuels*, 1901, p. 549.

[62] Cf. sa biographie, in *Les professeurs du Conservatoire national d'arts et métiers. Dictionnaire biographique 1794-1955*, sous la direction de C. Fontanon et A. Grelon, INRP-CNAM, par Michel Dreyfus, 1994, tome 2, p. 160-168.

essentiellement à convaincre son auditoire de la nécessité et de l'urgence de la formation d'une Fédération nationale. Son intervention, probablement l'une des plus remarquables consacrées au mutualisme, met en jeu à la fois les ressources de la pensée philosophique et de la science politique. *« À mes yeux la mutualité ne serait pas la mutualité si chacune des sociétés demeurait une société isolée, "individuelle" pour ainsi dire, si elle oubliait de se mutualiser à son tour avec les autres sociétés. »* Dévoilant le véritable objet de la réunion, il exhorte les mutualistes au rassemblement pour que *« les sociétés mutuelles se groupent entre elles et se fédèrent ; il faut, en un mot, que les mutualités se mutualisent* [63] *».*

L'invocation de l'éthique de la solidarité, pour convaincre les mutualistes qu'un risque individuel constitue simultanément un risque social, n'est pas suffisante pour autant. Conscient des limites d'un discours trop abstrait, Léon Bourgeois replace ses interlocuteurs sur le terrain de la politique réformatrice en cours d'élaboration. Le temps presse pour la Mutualité, car le risque est grand que les retraites se fassent sans elle. *« Hâtez-vous de vous organiser et de développer votre action de façon que vous puissiez dire en ce qui concerne ce service public, ce service social qui est attendu, qui est nécessaire : nous voulons en prendre la charge, et nous y sommes prêts* [64]*. »* L'impression provoquée par ces déclarations est telle qu'Émile Cheysson, vice-président de la Ligue, exprime l'intensité de l'émotion ressentie au nom de l'assistance. Fort de cette légitimation doctrinale et personnelle – Charles Prevet ne vient-il pas d'affirmer : *« M. Mabilleau est la synthèse de toutes les œuvres auxquelles nous sommes attachés* [65] *»* –, celui-ci peut

---

[63] *Discours de Léon Bourgeois, prononcé au banquet offert à Léopold Mabilleau,, op. cit.*, p. 3.
[64] *Ibidem.*
[65] *Bulletin des sociétés de secours mutuels*, 1902, p. 35.

partir à la conquête des sociétés de province demeurées dans l'expectative.

La Ligue de la prévoyance et de la mutualité n'abandonne cependant pas la partie. Profitant de son banquet annuel réuni sous la présidence du chef du gouvernement, Wadeck-Rousseau, le 26 février 1902, le président de la Ligue consacre son exposé à l'éloge de son organisation. Il revendique à bon droit les principales réformes de l'encadrement juridique de la mutualité, qui portent souvent la signature de ligueurs, tels que Paul Guieysse, Léon Marie, Émile Cheysson ou Honoré Audiffred. Il récuse pour autant l'étiquette de *« mutualistes en chambre »*, la Ligue veillant, dit-il, à ne jamais dissocier la théorie et la pratique.

Victor Lourties et surtout le secrétaire général, Jules Arboux, obnubilés par le sort de leur institution, n'ont pas vu grandir l'élan fédérateur. La seule requête adressée au chef du gouvernement porte sur une reconnaissance d'utilité publique pour leur institution. La question de la Fédération nationale n'est pas évoquée. On s'obstine à prôner le schéma attentiste de la mise en place d'un maillage local et régional complet, avant de passer au stade de la « Mutualité nationale ». Un tel préalable, alors qu'il n'existe que 30 unions départementales, revient à renvoyer la Fédération aux calendes grecques.

Faisant fi de toutes ces réticences, un comité d'initiative se forme au lendemain du banquet offert à Léopold Mabilleau, sous sa responsabilité, afin d'établir le projet de fédération. On veille particulièrement à ne pas s'exposer aux accusations de parisianisme et de propension centralisatrice, adressées à la précédente tentative. La Fédération, estime-t-on, ne doit pas être un point d'aboutissement, mais le point de départ pour développer les groupements locaux et régionaux, en s'efforçant de les créer là où ils n'existent pas. Atout décisif, l'entreprise bénéficie du soutien de l'administration et de Jean

Barberet pour forcer l'allure et passer outre les décisions du VIII^e^ congrès.

C'est, semble-t-il [66], sur l'initiative de ce dernier que se produit la première tentative de fédération en juin 1902, à Marseille. Cette initiative, destinée à populariser l'idée fédérative et lancée sous le couvert d'une réunion de délégués de la presse mutualiste, se tient dans le cadre de fêtes organisées par le Grand Conseil des Bouches-du-Rhône. La nécessité de rassembler toutes les forces de la mutualité pour répondre aux conditions nouvelles d'expansion de la prévoyance est plaidée vigoureusement par Léopold Mabilleau. Malgré la sympathie de l'auditoire, les organisateurs prennent acte de doutes subsistant sur le projet et conviennent de poursuivre le débat dans la presse et les assemblées mutualistes. La réunion permet toutefois de fonder le Syndicat de la presse mutualiste française, sous la présidence de Pierre Lacroix, de l'Union des sociétés de secours de Gironde, Léopold Mabilleau assurant la vice-présidence.

## Le pas est franchi

Après les tentatives infructueuses du printemps, le début de l'automne se révèle enfin propice pour « franchir le Rubicon ». La pression du contexte politique est plus incitative que jamais. Les élections législatives de mai 1902 ont placé les radicaux au centre de la majorité de centre gauche, avec 233 députés. Le projet des retraites ouvrières s'impose comme la question sociale majeure à l'ouverture du siècle, soulignant l'urgence de l'*aggiornamento* mutualiste. Les réformateurs républicains, notamment radicaux, ne se lassent pas d'aviser les mutualistes que leurs moyens

[66] Cf. Jean Bennet, *Biographies de personnalités mutualistes*..., *op. cit.*, p. 296.

institutionnels ne sont pas à la hauteur de leurs ambitions sociales. Le temps est venu de prendre les mesures nécessaires pour créer *« cette Fédération qui, de l'avis d'un grand nombre de nos correspondants, peut dès maintenant être tentée*[67] *»*, écrit au cours de l'été Félix Raison, proche collaborateur de Léopold Mabilleau au Musée social.

Que cette naissance se produise dans la Loire ne saurait surprendre, tant ce département participe activement aux progrès du mutualisme depuis le Ier congrès national, réuni à Lyon en 1883. C'est d'ailleurs dans le sillage de cette première réunion qu'Eugène Joly, grande figure du mutualisme local, a fondé en 1886 l'Union des sociétés de secours mutuels de la Loire. Sur son initiative, la ville de Saint-Étienne a accueilli, neuf ans plus tard, le Ve congrès national de la Mutualité, dont on a souligné l'heureuse influence pour l'épanouissement d'une pratique mutualiste distincte des entreprises commerciales. Le mutualisme stéphanois fait alors figure de pionnier par son esprit novateur, notamment en raison de l'admission des femmes dans les sociétés, et par son taux de mutualisation, l'un des plus élevés sur le territoire national.

Mais au tournant du siècle, Eugène Joly apparaît quelque peu en retrait face à la poussée fédéraliste. C'est d'ailleurs sur sa proposition que la motion « attentiste » est votée au congrès de Limoges en 1901. Bien que membre d'organismes nationaux tels que le Conseil supérieur des sociétés de secours mutuels et la Ligue nationale de la prévoyance et de la mutualité, il conserve le profil d'un notable régional. L'hésitation à sauter le pas lui coûte la présidence de l'Union. Son challenger, Joannès Peillon, qui a noué des contacts avec différentes personnalités du mouvement à l'occasion du congrès de Limoges, accède à la tête du département avec une

---

[67] *Chronique du Musée social,* 1902, p. 254.

volonté de regroupement des forces mutualistes à tous les niveaux.

Il convoque à cet effet, le 27 septembre 1902, à Saint-Étienne, les représentants de toutes les unions mutualistes existantes en un véritable congrès. La première partie du programme est consacrée à la constitution d'une Fédération régionale du Centre, comprenant les départements de l'Allier, du Cher, de la Creuse, de la Loire, de la Vienne et de la Haute-Vienne. Dans son exposé des motifs, le nouveau dirigeant stéphanois anticipe les voies du développement régional du mutualisme : *« Mieux que le département, la région est la circonscription mutualiste par excellence à cause de la parité de climat, des conditions de vie, de ressources communes. C'est donc à la Fédération régionale spécialement de créer les grands services d'hygiène et de prophylaxie, les établissements de repos et de cure, stations et sanatoriums*[68]*. »* Joannès Peillon est nommé président de la Fédération régionale.

Le projet de fédération nationale peut alors venir en discussion le lendemain, dans la grande salle de la Chambre de commerce, devant des délégués impatients de participer à cette décision historique. L'assemblée possède-t-elle pour autant les qualités requises pour être constituante ? Sur la trentaine d'unions existantes, 23 sont représentées, dont les plus importantes : les Bouches-du-Rhône, la Gironde, le Nord, le Rhône, la Seine. Trois se sont excusées, dont la Seine-Inférieure d'Henri Vermont. L'assemblée constitutive est sans aucun doute représentative du mutualisme français, tel qu'il existe alors. Outre les présidents départementaux, on note la présence du vice-président du Conseil supérieur, le député Honoré Audiffred, de Jean Barberet, représentant l'administration centrale, et du maire socialiste de Saint-

[68] Cité par Bernard Maradan et Didier Nourisson, in *Démocratie, solidarité et Mutualité. Autour de la loi de 1898 ..., op. cit.*, p. 252.

Étienne, Ledin. La participation, enfin, de Léon Bourgeois est annoncée pour la séance de clôture.

Léopold Mabilleau, qui a parcouru en tous sens le pays pendant plus de deux ans, est parfaitement préparé pour offrir la synthèse la plus complète sur le sujet et dissiper les doutes récurrents. Après avoir rappelé l'échec de la tentative soutenue par Félix Faure, faute d'avoir été portée par le mouvement lui-même, et salué l'impulsion décisive communiquée par Léon Bourgeois au banquet de décembre 1901, l'orateur souligne combien ces interventions et bien d'autres ont fait prendre conscience aux mutualistes qu'ils ne pouvaient résoudre seuls la complexité des problèmes sociaux. C'est pourquoi tous les vrais amis de la Mutualité et un nombre croissant de mutualistes ont tourné leurs espoirs vers la réalisation d'une union supérieure de tous les organes du mouvement. Alors que l'ensemble des structures sociales, en France et en Europe, tend à la mise en place de puissantes et permanentes organisations, la Mutualité ne peut se contenter de la concertation éphémère des congrès.

Le directeur du Musée social s'attaque ensuite aux principales objections. Ainsi, le double emploi est invoqué par les institutions déjà en place. La réponse est sans appel : entre l'Union, la Ligue, le Conseil supérieur et la Fédération, il n'y a aucun point commun. Les deux premières constituent la réunion de groupes d'hommes consacrée à l'étude de questions mutualistes ; quant au Conseil supérieur, c'est un organisme délibérant encadré par la loi et le gouvernement. Ces associations sont légitimes et utiles, mais elles se limitent à une fonction consultative et ne peuvent prétendre représenter les forces vives de la Mutualité. Seule la Fédération répond au besoin vital d'organisation de toutes les composantes du mouvement, notamment des unions réelles. Par conséquent, il n'existe pas la moindre rivalité entre la Fédération et ses aînées, qui n'ont ni le même objet ni le même champ qu'elle.

La deuxième objection porte sur la méthode. La construction fédérale serait prématurée tant que les regroupements départementaux et régionaux ne sont pas tous réalisés ; la Fédération ne pourrait exister que comme couronnement de l'édifice. On réplique à cela que la métaphore architecturale est spécieuse, car la Mutualité n'est pas un monument, mais un être social qui obéit aux lois complexes de la vie organique. *« Plus les fonctions se compliquent, plus l'unité de l'ensemble est nécessaire* [69] *»,* soutient l'orateur. Vouloir attendre la formation des unions sur toute la surface du territoire équivaut à retarder indéfiniment la croissance mutualiste. Les unions n'ont d'ailleurs, fort heureusement, pas attendu que les sociétés se soient formées dans chaque localité pour se constituer. La construction fédérale ne représente finalement qu'une image agrandie de celle des unions.

À ces reproches chroniques s'est ajoutée, dans la dernière période, une critique majeure sur la légitimité démocratique du processus fédératif. Jules Arboux s'est inquiété, devant les délégués de l'Union de Seine-et-Oise, d'une situation qui conduit *« à nous enrégimenter en nous demandant le sacrifice de notre liberté [...] et à nous placer sous la dépendance d'une sorte de comité central* [70] *».* Qui parle de démocratie se doit d'être irréprochable sur le sujet. Léopold Mabilleau constate qu'aucune instance de la Ligue n'ayant été consultée sur la question de la Fédération, ce point de vue n'engage que son auteur.

Cette objection procédurière évacuée, la réplique s'attache au fond du problème. Les propos de l'orateur n'ont pris, semble-t-il, aucune ride : *« Ce qu'il faut dire bien haut,*

---

[69] Léopold Mabilleau, *La Mutualité nouvelle,* n° 1, 1^er^ octobre 1902.
[70] *La Mutualité nouvelle*, n° 2, 15 octobre 1902, p. 11.

*c'est qu'aucune association d'aucun degré ne compromet son autonomie en entrant dans un groupe de degré supérieur : car elle n'y entre que pour des fonctions qu'elle n'eût pas remplies elle-même, et par conséquent elle ne renonce à rien. Tous les services qui lui étaient propres et auxquels elle suffisait doivent lui rester ; elle ne se fédère avec les sociétés voisines que pour ceux auxquels elle se sent, d'avance, soit après expérience, incapable de pourvoir. Ce n'est donc pas une diminution, qui en résulte pour elle, c'est une augmentation ; c'est un nouveau degré de vie qu'elle s'ajoute, en participant à un nouveau degré supérieur, sans rien perdre de ce qui constituait son existence propre* [71]. »

Si l'adhésion enthousiaste des délégués semble ne faire aucun doute, le directeur du Musée social s'efforce, dans sa conclusion, de désamorcer les réticences sur le choix de Paris pour le siège de la future Fédération, exprimées sous le prétexte que le département de la Seine n'a pas encore unifié ses unions. Non seulement cette décision relève de la seule souveraineté fédérale, mais il refuse de prononcer quelque exclusive que ce soit. Finalement, le consensus s'impose d'autant plus aisément que la démarche générale développée par Léopold Mabilleau reçoit la caution de l'autorité administrative représentée par Jean Barberet.

Deux propositions sont alors soumises au vote de l'assemblée. La première, présentée par Eugène Joly, tend à approuver la création de la Fédération nationale composée de fédérations régionales et temporairement d'unions. Les statuts seront présentés, pour ratification, au congrès national de 1904. La seconde, exposée par Jean Hébrard, président de la Fédération du Tarn-et-Garonne, confie à Paul Pagès, président du Grand Conseil des Bouches-du-Rhône, et Joannès Peillon, président de l'Union de la Loire et de la Haute-Loire, la

---

[71] *Ibidem.*

charge de convoquer l'assemblée constitutive en mettant à profit la session de novembre 1902 du Conseil supérieur des sociétés de secours mutuels à Paris, pour des raisons d'économie de transport et de disponibilités. Les deux résolutions sont votées à l'unanimité moins une abstention, celle du Lyonnais Auguste Bléton, l'organisateur du premier congrès national en 1883.

Après avoir été accueillir en foule Léon Bourgeois sur le quai de la gare de Saint-Étienne, les congressistes se retrouvent l'après-midi pour l'entendre dans la salle du théâtre, garnie jusqu'aux cintres. Le président de la Chambre des députés, soulignant ses liens de parenté avec la nouvelle venue, s'en revendique d'autant plus volontiers *« le parrain »* qu'il est convaincu du grand avenir de sa filleule. *« Aujourd'hui, la Mutualité française est née, elle vit ; il y a en France quelque chose de plus ; et ce quelque chose est grand, car, certainement, c'est l'instrument à l'aide duquel sera réalisée la véritable réforme sociale* [72]. *»* Une perspective nouvelle est en effet ouverte pour une intervention globale de la mutualité. Tout en conservant leur autonomie, les sociétés vont par leur coordination créer de nouveaux services, inaccessibles à une société isolée. La Mutualité dispose enfin des moyens pour s'attaquer aux problèmes de la prévoyance contre l'ensemble des risques.

Léon Bourgeois alerte ses interlocuteurs sur l'ampleur des mutations sociales nécessaires, car le principe de liberté individuelle, défini en 1789, n'a résolu qu'une partie du problème. Que pèse, en effet, l'individu isolé face à la puissance des forces dominantes de l'économie et aux aléas souvent cruels de la nature ? Le père du solidarisme invite avec insistance les mutualistes à aller jusqu'au bout de leur mission, *« car l'œuvre de solidarité est supérieure, à tous les*

[72] *Deux discours de Léon Bourgeois,*, Arthur Rousseau Éditeur, 1903, p. 14.

*points de vue, à l'œuvre de lutte et de concurrence »*. La formation de la Mutualité française, point d'aboutissement d'un siècle de pratique mutualiste, n'en constitue pas pour autant le couronnement. Lorsque Léopold Mabilleau constate que *« l'œuvre de mutualité ne fait que commencer »*, au terme de ces trois journées décisives, il ne se doute certainement pas que la construction fédérale s'avérera longue et difficile.

## Ébauches statutaires

Après la décision du lancement, reste à définir le profil du navire capable d'affronter la haute mer. On publie à cet effet un journal, *La Mutualité nouvelle,* animé par des proches collaborateurs du directeur du Musée social : Henri Barrau, rédacteur en chef, et Félix Raison, directeur. Le premier numéro paraît le 1er octobre 1902. Son but : la recherche d'un second souffle pour le développement des sociétés de secours mutuels, dont le niveau demeure trop modeste – entre 2 et 3 millions d'adhérents – alors que la population ouvrière, la plus exposée, s'élève à 10 millions de personnes. La publication entend faire une large place *« aux questions fédératives »*, le regroupement des sociétés constituant la clé de cet essor. Mais le changement ne concerne pas seulement l'aspect organisationnel, les idées sont au cœur de la mutation. Sans craindre de choquer par la sévérité du ton, le premier éditorial demande aux mutualistes d'inscrire leur action dans le sens d'un traitement général des problèmes sociaux, afin d'échapper au reproche qu'on leur adresse ici ou là *« de s'inspirer plutôt de l'égoïsme collectif que de la véritable fraternité »*.

Le coup d'envoi statutaire est donné, comme prévu, le 10 novembre 1902, à Paris, dans la grande salle du Musée social. Sont représentées 77 unions, fédérations et caisses d'assurance, dont 32 unions départementales. Les personnalités les plus marquantes du mouvement sont là : le Niçois Ernest Lairolle, le Montalbanais Jean Hébrard, les Stéphanois Eugène Joly et Joannès Peillon, le Montpelliérain Charles Warnery, le Rouennais Henri Vermont, le Parisien Louis Keller, le Marseillais Paul Pagès, le Bordelais Dr Philippe Gyoux et, présence cruciale, le Landais Victor Lourties. Le président de séance, Léopold Mabilleau, assisté de Jean Barberet, récuse d'emblée le rôle joué par des ambitions personnelles et parisiennes dans la naissance de la Fédération.

L'orateur souligne avec beaucoup d'insistance que la nouvelle institution ne doit en aucun cas se substituer aux formes d'organisations existantes, les congrès tout particulièrement. Elle a principalement pour fonction d'inventer les services supérieurs de la mutualité dont les groupements ont besoin. Conformément à la loi, l'article 2 des statuts précise que la Fédération nationale se compose exclusivement d'unions et de fédérations de sociétés. Léopold Mabilleau est nommé président et Jean Hébrard secrétaire général de la Fédération. Un conseil d'administration de 47 membres est élu, dont 15 vice-présidents parmi les personnalités mutualistes les plus en vue.

Le premier conseil d'administration fédéral se réunit le lendemain, sous la présidence d'Ernest Lairolle. Il décide, sur proposition de Louis Keller, la création d'une commission permanente de 11 membres. Le vote serré – 11 voix contre 10 et 2 abstentions – reflète la crainte rémanente de l'hégémonie parisienne, la commission comprenant 5 administrateurs issus de cette région. Émile Cheysson ne manque pas de faire écho à cette appréhension, lors du banquet organisé le soir de l'événement. L'adhésion du vice-président fondateur de la Ligue au principe fédéral comme moyen de surmonter l'émiettement de la Mutualité est, certes, très importante pour la réussite du projet. Mais elle ne va pas sans mise en garde. Il souhaite, en premier lieu, que l'on soit indulgent à l'égard des réticences, voire des *« dissidences »*, exprimées dans le cours de cette mutation. Sur le fond du problème, la ratification du projet fédéraliste pose deux conditions : consacrer essentiellement la fonction fédérale à l'impulsion des réseaux mutualistes, la gestion de services déterminés demeurant exceptionnelle, et surtout *« rassurer la province contre l'inquiétude d'être sacrifiée à la centralisation parisienne* [73] *»*.

Ces recommandations sont prises très au sérieux par les nouveaux dirigeants. Léopold Mabilleau met en valeur *« l'heureuse entente »* qui vient de se réaliser entre la Fédération nationale et la commission d'organisation du congrès de Nantes, prévu en 1904 [74]. Pour mieux sceller l'accord, Gabriel Guist'hau, président du congrès de Nantes, est nommé vice-président d'honneur de la Fédération. Une liste impressionnante de présidents et vice-présidents d'honneur est publiée à cette occasion, représentant le gotha de la République et de la réforme sociale, parmi lesquels le président de la République, les présidents de la Chambre et du Sénat et d'anciens ministres.

Malgré un isolement presque total, Jules Arboux n'entend pas rendre les armes sans baroud d'honneur. Il publie, dans le numéro de novembre de la *Revue de la prévoyance et de la mutualité*, un plaidoyer *pro domo* en faveur des résultats obtenus par la Ligue dans le champ de l'économie sociale, signé « La Rédaction ». *« Le terrain sur lequel se place la Fédération est, au contraire, limité* [75] *»*, affirme-t-il. Elle constitue, tout au plus, un groupe parmi d'autres et ne saurait s'arroger une quelconque autorité sur l'ensemble du mouvement. La charge est jugée cette fois excessive par ses

[73] *Revue de la prévoyance et de la mutualité,* 1902, p. 856.
[74] Si le principe de coresponsabilité permet à la Fédération d'être partie prenante dans la tenue des congrès triennaux, il faudra attendre 1925 pour que cette responsabilité devienne une prérogative fédérale.
[75] *Revue de la prévoyance et de la mutualité,* 1902, p. 767.

pairs, qui font savoir que l'article n'a reçu l'approbation ni de Victor Lourties, ni d'Émile Cheysson, ni de Léon Marie, ceux-ci tenant à manifester leur appui à la nouvelle institution.

Les dirigeants de la Ligue, souhaitant vider l'abcès au plus vite, invitent Léopold Mabilleau à participer, en janvier 1903, à une réunion interne afin de trouver un *modus vivendi* qui *« dissipe tout malentendu »,* en présence de Jules Arboux. Tout en permettant à ce dernier de sauver la face, l'accord *« pacifique et cordial »* marque une reconnaissance de la Fédération d'autant plus complète que l'Union nationale des présidents a également fait connaître un ralliement sans réserve, depuis octobre 1902. La Fédération nationale de la Mutualité française peut enfin tenter de construire son destin entre un État sur lequel s'exerce l'attraction du modèle social allemand et un marché qui tend à transformer la prévoyance en opération lucrative.

Le conseil d'administration est d'ailleurs alerté, sur ce point, par une lettre du président de la société de secours mutuels de Montclar (Tarn-et-Garonne) qui annonce l'affiliation de son institution à la Solidarité française, société d'assurance financière contre la maladie. Le compte rendu constate sobrement : *« Le Conseil est vivement impressionné par cette communication*[76]*. »* Le nouveau président adresse peu après, dans une circulaire du 29 décembre 1902, une mise en garde contre des entreprises financières n'hésitant pas à *« se parer du nom et du prestige de la Mutualité pour abuser les populations*[77] *».* Il en profite pour demander aux présidents d'unions de ne tenir aucune réunion mutualiste sans la présence d'un membre du conseil fédéral, dans le but de coordonner les efforts communs et non de centraliser.

---

[76] *La Mutualité nouvelle,* 1902, résumé des séances du conseil d'administration de la Fédération nationale, séance du 5 décembre 1902, p. 52.

[77] *La Mutualité nouvelle,* 1902, circulaire adressée aux présidents d'unions, 29 décembre 1902, p. 60.

**Dans le miroir de la presse**

Le choix fait dans la Loire et la décision prise à Paris sont à la une de la plupart des grands journaux populaires, dont c'est l'âge d'or, à bien des égards, depuis la loi sur la liberté de la presse en 1881. *Le Petit Journal,* prototype de cet essor, dépasse le million d'exemplaires, à l'instar de son plus proche concurrent, *Le Petit Parisien.* Facteurs favorables, *Le Petit Journal* est alors dirigé par le président de l'Union nationale des présidents, Charles Prevet, et *Le Matin* (500 000 exemplaires), séduit par la Mutualité, lui ouvre régulièrement ses colonnes. La présence de Léon Bourgeois à Saint-Étienne a de plus constitué un atout important, compte tenu de son exceptionnel charisme.

La médaille a un revers dans la mesure où le traitement journalistique tend à privilégier l'intervention du président de la Chambre. *Le Matin, Le Petit Parisien* et *La Croix* mettent ainsi en avant les félicitations adressées par l'homme politique aux congressistes pour leur résolution en faveur de la Fédération nationale. *Le Figaro* est pour sa part impressionné par le fait que l'éloge de la Mutualité *« délaisse toute allusion politique ».* Même démarche au *Petit Journal*, qui précise toutefois que la Fédération nationale va permettre de *« lutter contre les égoïsmes économiques ».*

Les comptes rendus de l'assemblée constitutive du 10 novembre 1902 sont en revanche exclusivement consacrés à la portée de l'avènement lui-même. Le très conservateur *Journal des débats* note sobrement : *« Depuis hier existe la FNMF. »* Pour *Le Petit Journal,* la nouvelle institution fera date dans l'histoire de la Mutualité, parce qu'elle va permettre de *« coordonner les efforts épars jusqu'à présent, de la prévoyance individuelle ».* Le quotidien parisien *L'Éclair*, indépendant de tout parti, se félicite de cet *« événement d'une importance sociale de premier ordre »,* qui s'est produit en dehors de toute préoccupation politique. *Le Petit Parisien*, journal laïque et anticlérical, dit enfin son admiration pour les hommes qui *« ont accompli une chose considérable dont les conséquences dépasseront peut-être les prévisions les plus optimistes [...] La mutualité était un corps auquel il manquait encore un cerveau. Elle l'a maintenant »*.

Le 14 janvier 1903, la préfecture de la Seine délivre le numéro d'inscription (1621) de la Fédération nationale de la Mutualité française au répertoire des sociétés de secours mutuels du département. Les statuts seront adoptés définitivement au VIIIe congrès national de Nantes, en août 1904. Cette profusion d'épisodes statutaires ne va pas sans générer quelques confusions sur la date effective de création de la FNMF. Si l'on ne doit pas s'en remettre à l'opinion qu'émettent les acteurs sur leur propre histoire, comment ne pas retenir la conviction, unanimement exprimée par les fondateurs, que l'acte constituant s'est déroulé à Saint-Étienne, le 28 septembre 1902 ? *« Le reste n'est qu'un épilogue* [78] *»*, tranche Léopold Mabilleau.

[78] Léopold Mabilleau, *Deux discours de Léon Bourgeois*, *op. cit.*, p. 9.

# Chapitre IV
# À l'épreuve de l'obligation (1904-1929)

La création de la Fédération répond à l'exigence de cohésion posée par les autorités aux mutualistes, pour leur ticket d'entrée dans l'ère de l'assurance sociale obligatoire. D'autres conditions restent en suspens que le VIII^e^ congrès national, réuni à Nantes en mai 1904, va s'efforcer de remplir, non sans avoir ratifié au préalable les statuts adoptés en novembre 1902. Le consensus sur ce point est d'autant plus large que les nouveaux dirigeants ne cessent d'affirmer leur volonté de respecter scrupuleusement l'autonomie de chacun des groupements. La Mutualité ne s'affirme-t-elle pas *« comme une forme organique de la démocratie* [79] *»,* selon une formule de Léopold Mabilleau.

## Les « dits » de Nantes

L'épreuve de vérité du congrès porte avant tout sur la question de l'obligation. Connaissant les inquiétudes que soulèvent les projets gouvernementaux, Léon Bourgeois s'adresse aux délégués pour les convaincre de considérer la réforme, non comme une menace, mais comme un tremplin pour leur institution. Le congrès demeure toutefois à ce point réservé que le réquisitoire dressé contre l'obligation par le

[79] *Compte rendu du VIII^e^ congrès national des sociétés de secours mutuels (Nantes, 16-21 mai 1904),* p. 113.

rapporteur Henri Vermont reçoit les applaudissements d'une large fraction de congressistes. C'était compter sans Léopold Mabilleau et *« sa dialectique singulièrement habile, avec sa parole pleine de vie, abondante et persuasive* [80] *»,* rapporte avec une pointe de dépit le secrétaire général de la Ligue.

Certes, le président de la FNMF ne manque pas d'exalter, *« au pays de l'Édit de Nantes »,* l'aspiration vitale à la liberté. Mais, s'adressant davantage à la réflexion qu'aux certitudes des délégués, il n'hésite pas à soumettre ce concept de liberté, *« si facilement équivoque sous son apparence indiscutable* [81] *»*, à l'exercice de la critique. Si un système uniforme s'avère dommageable pour la Mutualité, on ne doit pas pour autant céder à l'opposition simpliste entre la prévoyance volontaire et la prévoyance obligatoire. Les partisans de l'obligation ne peuvent être considérés comme des ennemis de la liberté et du mutualisme. La synthèse est nécessaire et possible entre les deux méthodes. C'est en tout cas la voie qu'ont choisie les pouvoirs publics. Rien n'interdit que la Mutualité devienne l'organe de l'assurance obligatoire, tout en conservant sa personnalité juridique d'institution volontaire, définie par la Charte de 1898.

Le pire des dangers pour les mutualistes serait d'oublier que leur mouvement n'est pas un but en soi, mais un moyen au service du progrès social, martèle à plusieurs reprises l'orateur. Au terme d'un discours que le compte rendu qualifie, non sans raison, de *« magistral »*, Léopold Mabilleau fait basculer le congrès. Les partisans du « tout libéral », soudainement isolés, sont contraints au repli. La résolution est adoptée à l'unanimité, moins deux voix. Sa dernière phrase donne la mesure du chemin parcouru : *« Le Congrès émet le vœu que les retraites ouvrières soient organisées par la Mutualité avec l'aide et sous le contrôle de l'État ou, tout au*

---

[80] Jules Arboux, « Le congrès de Nantes », *Revue de la prévoyance et de la mutualité,* 1904, p. 406.
[81] *Compte rendu du VIII^e congrès, op. cit.*, p. 411.

*moins, que l'État organise ce service sur les bases et avec le concours des sociétés de secours mutuels*[82]. »

L'avancée doctrinale du congrès de Nantes marque une date dans l'histoire du mouvement mutualiste, sans que l'on puisse pour autant parler de révision radicale. De fortes réticences subsistent sur le fond du problème. Léopold Mabilleau ne cherche d'ailleurs pas à les masquer : « *L'obligation, après tout, n'est qu'un moyen, un moyen transitoire*[83] *de réaliser la généralisation de la prévoyance qui est le plus cher de vos désirs*[84]. » Mais si la position adoptée exprime probablement davantage une préoccupation tactique qu'une adhésion doctrinale, on ne peut la réduire, comme le fait Jules Arboux[85], à une réponse politicienne de circonstance. Les incertitudes mutualistes sont celles de la majorité de la société française. Plus d'un demi-siècle devra encore s'écouler pour que se réalise pleinement la greffe d'un système d'assurance sociale obligatoire en France. Les décisions du congrès de Nantes sont parties prenantes de cette lente et irréversible mutation.

L'opinion des congressistes sur l'assurance commerciale semble, en revanche, bien arrêtée. L'idée de confier l'assurance au décès à des compagnies privées est unanimement repoussée, au motif que les actionnaires reçoivent des dividendes[86]. Le congrès vote en outre une protestation contre une nouvelle tentative parlementaire visant à rattacher les groupements au ministère du Commerce. Ce rapprochement « *trahit une méprise profonde sur le caractère et la portée de la Mutualité*[87] », jugent les délégués. L'attachement à la tutelle du ministère de l'Intérieur s'affirme

---

[82] *Ibidem*, p. 418.
[83] Souligné par nous.
[84] *Ibidem*, p. 416.
[85] *Revue de la prévoyance et de la mutualité*, 1904, p. 466.
[86] *Compte rendu du VIII^e congrès, op. cit.*, p. 341.
[87] .*Ibidem*, p. 467.

d'autant plus qu'une « direction du Travail » vient d'y être instituée. La création du ministère du Travail, deux ans plus tard, tournera la page de la querelle tutélaire, sinon celle de l'identification des mutuelles aux sociétés commerciales.

## L'« âge d'or », bienfaits et désillusions

Légitimée à Nantes par l'ensemble du mouvement, ses statuts approuvés par arrêté ministériel le 25 août 1904, la Fédération estime le moment venu d'obtenir la consécration publique. Léopold Mabilleau organise une grande fête populaire le 30 octobre 1904, sous la présidence du chef de l'État, Émile Loubet, et avec le soutien du journal *Le Matin*. L'appui du *Temps*, le journal de référence par excellence, est d'autant plus acquis que son directeur, Adrien Hébrard, n'est autre que l'oncle du premier secrétaire général de la Fédération, Jean Hébrard. C'est le coup d'envoi d'une décennie de relations privilégiées avec l'élite républicaine, qualifiée abusivement parfois d'« âge d'or », tant les déconvenues alterneront avec les satisfactions. Dans cette période que des historiens analysent comme l'avènement de l'« ère des masses », la fête mutualiste entend montrer la puissance du mouvement par le nombre de personnes rassemblées.

Un défilé de 30 000 mutualistes se rend au Champ-de-Mars pour y tenir banquet dans la galerie des Machines, où sont installés treize kilomètres de tables. Conscient de frapper les esprits par cette démonstration spectaculaire, pour laquelle *L'Illustration* publie un supplément de quatre pages, le président de la FNMF en profite pour marquer la singularité de son mouvement : *« Les mutualistes sont des révolutionnaires à leur façon, des révolutionnaires pacifiques entraînant la Nation d'une marche plus rapide et plus sûre dans la voie de la fraternité*[88]. » La divergence avec le mouvement ouvrier est ici transparente. Elle ne va pas tarder à s'exprimer frontalement.

L'adoption d'une proposition de loi par la commission d'assurance et de la prévoyance sociales de la Chambre des députés sur la question des retraites ouvrières, présentée par Paul Guieysse, pourtant défenseur loyal de la mutualité, met le feu aux poudres au début de l'année 1905. Léopold Mabilleau publie un *« Appel aux mutualistes de France »*, contre un projet qui impose *« l'affreuse uniformité dont la militariste Allemagne a bien pu s'accommoder*[89] *»*. Un débat intense s'ouvre avec Jean Jaurès, quatre articles du directeur de *L'Humanité* faisant écho aux interventions du président de la FNMF dans *Le Matin*. Le dirigeant socialiste se réjouit de l'adhésion des mutualistes au principe d'obligation et les invite à aller jusqu'au terme de la démarche, car *« même quand l'assurance sociale, dont le progrès est inévitable, s'appliquera à bien des domaines où elle n'a pas pénétré encore, le rôle de la mutualité sera considérable*[90] *»*. La lucidité de Jean Jaurès est prophétique : il est alors l'un des rares à avoir perçu le développement des relations entre les efforts obligatoires et volontaires de prévoyance en termes de coopération et non d'opposition.

Toutefois, la perspective d'une cogestion à l'allemande suggérée par le dirigeant socialiste ne convient pas aux mutualistes. La loi d'obligation ne peut à leurs yeux s'exercer que dans le cadre des sociétés de secours mutuels. Une nouvelle manifestation est organisée, le 4 novembre 1905, pour tenter d'infléchir les décisions officielles. Son succès surpasse la précédente. Quelque 50 000 convives se retrouvent à nouveau dans un immense banquet, sous la présidence du

---

[88] Cité par Jean Bennet, *Biographies de personnalités mutualistes*, *op. cit.*, p. 297.
[89] *Le Matin*, 12 mars 1905.
[90] *L'Humanité*, 14 mars 1905.

chef de l'État. Léopold Mabilleau en profite pour souligner que les intentions des mutualistes ne sont pas mesquines et que leur préoccupation institutionnelle ne leur fait jamais perdre de vue les exigences de la solidarité générale. Seules la liberté et l'association peuvent garantir selon eux l'efficacité de la loi. Ce rassemblement marque l'apogée du très relatif « âge d'or ».

Dans l'immédiat, faute d'infléchir les choix ministériels, les démonstrations collectives se traduisent par un gain d'adhérents et de notoriété dans le pays et au-delà des frontières. Léopold Mabilleau devient le premier président de la Fédération internationale de la mutualité, créée à Milan en septembre 1906. Sans être encore pleinement représentative de la diversité universelle du mutualisme, l'assemblée tenue dans la capitale lombarde marque un net progrès dans cette voie, avec 14 pays présents, la délégation française ne composant plus que 20 % des délégués, contre 93 % au premier congrès, tenu en 1900 à Paris.

## Les mécomptes de la loi sur les retraites

La question des retraites demeure au centre des préoccupations des mutualistes et du gouvernement. Le IX^e^ congrès national, tenu à Nice au printemps 1907, offre aux principaux protagonistes l'occasion de faire un état des lieux. La confirmation du *« programme obligationniste*[91] *»* adopté à Nantes apparaît d'autant plus acquise que la présence de deux ténors de la politique sociale, ex-socialistes ralliés au libéralisme républicain, Alexandre Millerand et René Viviani, ministre du Travail, ne laisse guère de place au doute, comme le constate avec amertume Jules Arboux[92]. L'intervention d'Ernest Lairolle, l'hôte du congrès, conforte les délégués

[91] Michel Arboux (fils de Jules Arboux), *Revue de la prévoyance et de la mutualité,* 1907, p. 284.
[92] *Revue de la prévoyance et de la mutualité*, 1907, p. 282.

dans cette direction. Président de l'Union départementale des Alpes-Maritimes, avocat de talent, il poursuit simultanément une carrière politique sous l'étiquette de républicain progressiste et une activité de dirigeant mutualiste, qui l'a conduit à la vice-présidence de la FNMF. Il s'affirme comme l'un des partisans les plus résolus de l'obligation, au point de considérer que les sociétés de secours mutuels forment *« des cellules admirables de la sécurité sociale* [93] *»*.

Par conséquent, tout devrait permettre l'intronisation de la Mutualité. Le ministre du Travail n'affirme-t-il pas à Nice : *« Nous sommes maintenant d'accord au point de vue politique* [94] *»* ? La déception mutualiste sera d'autant plus amère, lors de la publication du texte final sur les retraites en 1910, que Viviani lui-même ne semble pas étranger au dédit gouvernemental reléguant les mutuelles dans un rôle mineur [95]. Deux raisons peuvent expliquer la rebuffade, sous réserve d'inventaire. L'une, politique : la loi est votée à un moment où le poids du radicalisme gouvernemental est en déclin. L'autre, socioculturelle : les élites républicaines continuent de douter de la volonté et de la capacité des mutualistes à s'investir dans un système obligatoire. Léopold Mabilleau, convaincu du caractère temporaire de cette défiance, engage toute son autorité pour que soit surmontée la déconvenue lors du X^e^ congrès national de Nancy, en août 1910. *« Ne récriminons pas »,* dit-il, en valorisant les avantages et surtout les perspectives qu'ouvre la nouvelle législation.

Le climat redevient d'ailleurs progressivement favorable aux sociétés mutuelles. Des personnalités politiques ne peuvent masquer une certaine mauvaise conscience ; parmi lesquelles l'auteur de la loi : *« Je veux à l'égard de la*

---

[93] *Compte rendu du IX^e^ congrès national (Nice, 14-21 avril 1907),* p. 676.

[94] *Revue de la prévoyance et de la mutualité*, 1907, p. 1063.

[95] Cf. Bruno Dumons et Gilles Polet, *L'État et les retraites. Genèse d'une politique,* Belin, 1994, p. 426.

*mutualité, expier mes torts, je redoutais l'accession de la mutualité aux retraites ouvrières, j'ai commis une faute* [96]. » Le préjudice moral reçoit réparation lors du XIe congrès national, qui se tient en mars 1913 à Montpellier. Le président de la République, à peine élu, inaugure ses fonctions en participant aux assises nationales de la Mutualité. Comme ses prédécesseurs, Raymond Poincaré a participé à l'activité mutualiste en présidant une petite société dans la Meuse. Son hommage s'adresse d'abord à la synthèse accomplie par la création de la Fédération nationale. Puis s'adressant aux délégués, il leur exprime sa reconnaissance pour être devenus, « *avec un zèle inlassable, les collaborateurs de l'État dans l'application de la loi sur les retraites ouvrières* [97] ». Propos avant tout diplomatique, qui ouvre toutefois la perspective d'un accès aux responsabilités effectives, dont la Première Guerre mondiale différera la réalisation.

À la veille de 1914, quel bilan tirer des premiers pas de la FNMF ? La progression indiscutable de son rayonnement national, voire international, doit beaucoup au charisme du président, dont l'ascendant a favorisé les évolutions doctrinales. Qu'en est-il du niveau réel de mutualisation ? « *Vous êtes le nombre, vous êtes six millions, vous êtes donc la force* [98] », affirme le président Loubet à l'occasion d'une fête des anciens administrateurs, devant l'ensemble du gotha républicain et mutualiste. Non seulement l'orateur majore d'un million l'évaluation officielle de la population mutualiste, mais le chiffre de 5 millions lui-même est trompeur, car les effectifs concernés par l'assurance maladie s'élèvent à 2 millions et demi de sociétaires, soit la moitié.

Or, précise une étude officielle publiée en mars 1914, « *c'est sur ce service qu'il faut principalement juger la*

---

[96] René Viviani, *Almanach de la Mutualité française*, 1913, p. 75.
[97] *Revue de la prévoyance et de la mutualité*, 1913, p. 623.
[98] *Bulletin des sociétés de secours mutuels*, janvier 1914, p. 41.

*mutualité*[99] ». Les autres adhérents se répartissent entre les mutualités scolaires, les mutualités de retraite et les membres honoraires. L'étude, menée sous l'autorité de la direction de la Mutualité du ministère du Travail, laisse percer une certaine perplexité devant les évaluations divergentes que suscite le mouvement. D'un côté, des potentialités évidentes permettant d'*« entraîner les masses laborieuses vers la pratique des assurances sociales »* ; de l'autre, des *« groupes disparates, sans cohésion, mal équilibrés financièrement et n'ayant aucune base technique*[100] ». L' « âge d'or » reste encore à venir.

## La Grande Guerre

L'entrée dans la Première Guerre mondiale marque le véritable point de départ du XX^e^ siècle et d'une époque nouvelle pour le mutualisme. Dès le déclenchement du conflit, la FNMF lance un appel aux présidents des unions et des sociétés de secours mutuels pour *« servir la patrie »*. Les groupements ne peuvent, dans de telles circonstances, suspendre ou restreindre leurs opérations, quelles que soient les difficultés financières ou juridiques rencontrées. On va jusqu'à les inciter *« à recourir aux fonds libres »,* en cas de déficit. Le texte est signé par Léopold Mabilleau et l'ensemble des membres du conseil d'administration.

Après l'appel du premier jour, l'activité fédérale semble se dissoudre dans les servitudes des quatre années de guerre. Les travaux sur le sujet sont quasi inexistants, exception faite du mémoire de Charlotte Lange, soutenu en 2000, à l'université Paris I. Son travail possède le grand mérite de pointer les carences des recherches et de proposer quelques pistes explicatives. La thèse principale retenue par l'auteur,

---

[99] *Ibidem*, mars 1914, p. 123.
[100] *Ibidem*, p. 122.

celle de l'effacement résigné, voire d'une démission, de la Fédération et de son président, gagnerait toutefois à être nuancée. Le témoignage à charge porté par Jean Bennet contre Léopold Mabilleau, retenu comme pièce décisive du dossier, convient d'être reçu avec davantage de circonspection.

Faute de disposer des matériaux nécessaires pour évaluer l'état réel des relations de la Fédération avec les groupements, on se limitera à quelques points de repère disponibles. Un *Bulletin officiel de la Fédération nationale de la Mutualité française* est publié à partir de 1914 et pendant toute la durée du conflit. Comme le constate en 1915 Jules Arboux, peu suspect de complaisance à l'égard de la Fédération et de son président : *« La guerre étant,par essence, le contraire et la négation même de la mutualité, il ne s'est rien passé depuis le mois d'août 1914, qui mérite de retenir longtemps l'attention de nos lecteurs* [101]*. »*

La panne d'activité atteint toutes les formes de vie associative, autres que celles participant à l'effort de guerre. Dans le contexte de l'Union sacrée qui rassemble la quasi-totalité des Français et leurs représentants, l'intervention mutualiste la plus significative se développe, non sans succès, dans le cadre de l'Emprunt national à partir de la fin de 1915. Les organismes mutualistes de direction reprennent un souffle de vie au cours de 1916, afin de discuter un projet de loi portant sur l'assurance invalidité et maladie pour les soldats réformés. Une assemblée générale extraordinaire est réunie à Paris sur ce sujet, en présence de Léon Bourgeois, ministre du Travail et de l'Hygiène sociale, sous la présidence de Léopold Mabilleau. Ce dernier, vice-président du Conseil supérieur des sociétés de secours mutuels, participe au renouveau de l'organisme, à partir de 1916.

---

[101] Jules Arboux, « Guerre et Mutualité », *Revue de la prévoyance et de la mutualité*, 1915, p. 2.

L'inertie fédérale n'est pas contestée par les intéressés. Une brochure publiée par la FNMF dans les derniers mois de la guerre justifie la suspension des rapports réguliers entre le conseil d'administration et les groupements par l'absence chronique de moyens et par les effets de la mobilisation d'une partie de ses membres, les rares administrateurs disponibles étant *« absorbés par la défense corporative devant le Parlement et les administrations publiques »*. Cette explication est insuffisante pour nombre de mutualistes. Léon Heller, qui deviendra président de la FNMF en 1931, cible le *« verbalisme »* des grandes messes républicaines, qui a masqué l'absence d'une véritable organisation structurée. À l'opposé, Jean Barberet attribue l'apathie au caractère passif des mutualistes eux-mêmes.

Qu'est-ce que la FNMF en termes organisationnels, en 1914 ? On est tenté de répondre : rien ou pas grand-chose. Hormis les maigres moyens que lui octroie le Musée social, la Fédération n'a pas d'administration propre, aucun personnel et pratiquement pas de budget. L'indigence fédérale n'est-elle pas d'ailleurs une condition implicite posée par les groupements pour contenir le « centralisme parisien » ? Quoi qu'il en soit, la mise en retrait de la FNMF n'est pas foncièrement différente de celle des autres institutions de l'économie sociale et des organismes dépendants de l'État lui-même. Le Conseil supérieur des sociétés de secours mutuels ne se réunit qu'au cours de la troisième année de guerre et l'administration suspend toutes ses activités statistiques entre 1915 et 1920, notamment les fameux rapports au président de la République. Certes, le satisfecit que se délivre Léopold Mabilleau en 1919 – *« À l'arrière aussi, nous avons tenu notre place »* – peut faire sourire. La Mutualité française ne mérite, finalement, *« ni cet excès d'honneur, ni cette indignité* [102] *»*.

[102] Racine, *Britannicus*, acte II, scène 3, Junie.

L'indignité est néanmoins brandie contre le président de la FNMF pour des raisons autrement plus graves que l'insuffisance d'activité fédérale, lorsque reprennent les débats sur les futures Assurances sociales, vers la fin de la guerre. Henri Vermont accuse Léopold Mabilleau d'avoir été en France *« le propagateur des idées de l'Allemagne en matière de prévoyance »*. Il ajoute, en conclusion : *« Nous avons vaincu l'Allemagne sur les champs de bataille. Va-t-elle nous imposer dans le domaine des idées ses doctrines si contraires à nos traditions et à notre génie national*[103] *? »* La violence des propos, tenus dans les derniers mois d'une guerre sans merci contre les Allemands, peut surprendre, s'agissant d'un débat interne à la Mutualité. Rien n'indique cependant qu'ils puissent perturber la réflexion qui s'engage sur l'avenir du système français de protection sociale.

## L'émergence d'une politique et d'une administration fédérales

Face aux bouleversements provoqués par un cataclysme sans précédent, la Mutualité française exprime sa volonté de rénover avec *« précaution »* les structures du mouvement et sa doctrine, dans la perspective des Assurances sociales. Cette préoccupation est à l'ordre du jour de sa première assemblée générale, en octobre 1919. Malgré les suggestions faites par Émile Leven, premier trésorier nommé en 1902, l'institution fédérale fonctionne sans véritable budget depuis dix-sept ans. La proposition faite par l'Union du Rhône d'instituer une cotisation individuelle de 5 centimes par an, encaissée par les sociétés et les unions, provoque quelques remous. Au point de contraindre Léopold Mabilleau à poser la question de confiance : *« Veut-on ou non un organe officiel et*

[103] Henri Vermont, « La Mutualité française », *La Réforme sociale*, 4e trimestre 1918.

*représentatif auprès des pouvoirs publics et devant la nation*[104] *?* »

Au terme du débat, le principe d'un budget régulier de la Fédération, alimenté par la proposition initiale d'une cotisation de 5 centimes par sociétaire, est adopté à l'unanimité. Les unions des pays dévastés recevront un traitement particulier. La mise en place d'un secrétariat devient possible, même si les craintes d'une centralisation bureaucratique ne sont pas levées. Le secrétaire général, Paul Maze[105], s'empresse de préciser que la dépense envisagée pour le secrétariat ne représente que le cinquième du budget total ; la plus grande part sera consacrée au développement des relations avec les unions. Sur la question des Assurances sociales, les débats retrouvent certaines oppositions d'avant-guerre. Henri Vermont s'y déclare l'irréductible partisan de la liberté contre l'obligation. Il est d'ailleurs le seul à voter contre la résolution qui approuve la généralisation de l'assurance contre la maladie et demande que la mutualité soit reconnue comme rouage essentiel de ce service obligatoire. Dans l'ignorance des projets gouvernementaux, l'examen définitif de la position mutualiste est renvoyé au congrès d'Angers, le premier de l'après-guerre.

Prévu pour l'été, le XII^e^ congrès national a été ajourné au 23 septembre 1920. Or, deux jours avant son ouverture, Léopold Mabilleau adresse une circulaire à tous les présidents de groupements pour les informer qu'il est à nouveau repoussé d'un mois. Le report – évoquant de façon sibylline *« une grave coïncidence »* – a été provoqué par la démission du président de la République Paul Deschanel, pour des raisons de santé, au terme de sept mois de mandat. Cet ami de longue date de la mutualité, qui fait le bonheur des chansonniers

---

[104] *Revue de la prévoyance et de la mutualité*, 1919, p. 202.

[105] Fils d'Hippolyte Maze, il a remplacé Jean Hébrard au secrétariat général en 1912, tout en demeurant secrétaire général de la Ligue nationale de la prévoyance et de la mutualité.

depuis quelques mois pour ses *« bizarreries présidentielles*[106] *»*, n'a pas résisté à la charge de la fonction suprême.

Un prérapport rédigé sur la question de l'assurance maladie par Paul Maze et Léon Heller, nommé récemment secrétaire de la Fédération, annonce que si la majorité des sociétés rejette le principe d'obligation, huit unions départementales sur dix se prononcent en sa faveur. Le Niçois Ernest Lairolle supplie les adversaires de la solution obligatoire de renoncer à cette discussion *« périmée et par conséquent nuisible et inutile*[107] *»*. Soucieux d'enrayer les risques de discordance interne, le congrès s'affirme en faveur d'une véritable loi d'organisation mutualiste pour instituer l'assurance obligatoire contre la maladie, tout en demandant du temps pour créer les conditions de son application. *« Donnez-nous quelques années, cinq ans*[108] *»*, demande Léopold Mabilleau. L'ampleur des dommages humains causés par le conflit mondial – 500 000 décès au total parmi les mutualistes – et l'impréparation de la Mutualité plaident en faveur du délai sollicité. Mais l'empreinte de la guerre n'explique pas tout. Le doute doctrinal sur l'obligation demeure sous-jacent. L'interrogation existentielle, retenue comme thème du congrès qui vient de se tenir, en témoigne : *« La Mutualité survivra-t-elle à la loi d'assurance maladie-invalidité ? »*

## Première crise de direction

Deux ans et demi après la signature de l'armistice, la guerre fait une nouvelle victime… judiciaire. Le comité

---

[106] Serge Berstein, *Chef de l'État*, *op. cit.*, p. 120. Parmi celles-ci, la plus connue est la découverte, par un cheminot, du président de la République à demi-conscient et en pyjama, après une chute d'un train le conduisant à une manifestation officielle à Montbrison.

[107] *Lettre adressée au XII^e congrès national de la Mutualité française*, Nice, 1920, p. 4.

[108] *Compte rendu du XII^e congrès national (Angers, 1921)*, p. 434.

directeur de la Fédération informe les unions que Léopold Mabilleau a donné sa démission [109], suite à une délibération du conseil fédéral, réuni le 19 avril 1921 : « *Le Conseil avait, en effet, appris qu'à son insu et contrairement à ses statuts la Fédération nationale de la Mutualité avait été mêlée à des tractations ayant pour objet l'acquisition et la vente de marchandises provenant de stocks de guerre* [110]. » Le président a été inculpé sur la plainte de commerçants, mécontents des conditions de vente d'un matériel provenant des intendances des armées américaine et anglaise, en l'occurrence de la literie. Malgré ses protestations sur le caractère désintéressé de l'entreprise, les bénéfices de l'opération devant être, selon lui, attribués à l'œuvre mutualiste des régions dévastées, le préjudice public est considérable.

Nommé à la tête du comité provisoire, Léon Robelin est élu président de la FNMF le 3 décembre 1922. Né en 1866, membre actif de la Ligue de l'enseignement dès son plus jeune âge, il en est devenu le secrétaire général à 33 ans. Maire de Longjumeau sous les couleurs radicales pendant trente années, il est administrateur de la Fédération en 1919, puis un des vice-présidents. Léon Robelin va se consacrer, non sans succès, à la restauration de l'image fédérale, dans le contexte tendu de l'élaboration des Assurances sociales. Le fâcheux épisode marque toutefois le point de départ d'une décennie d'instabilité pour la direction fédérale. Pour sa part, Léopold Mabilleau bénéficie d'un non-lieu rendu par la chambre des mises en accusation de la Cour de Paris, le 20 mai 1922. Il disparaît alors totalement de l'horizon de la Mutualité, au point qu'après son décès à La Baule en 1941, un journal [111]

[109] Cf. Michel Dreyfus, « Léopold Mabilleau et le mouvement mutualiste français et international, de 1895 à 1921 », in *Le Musée social en son temps*, sous la direction de Colette Chambelland, Presses de l'École normale supérieure, 1998, p. 103-118.

[110] *Revue de la prévoyance et de la mutualité*, 1922, p. 112.

[111] *Ouest-Éclair*, 9 février 1941.

considère que *« l'œuvre maîtresse de sa vie »* a été la publication d'une biographie de Victor Hugo, au tirage il est vrai considérable de 200 000 exemplaires. Son action universitaire, sociale et mutualiste semble n'avoir jamais existé.

Le nouveau président met à profit le congrès de la Mutualité du Nord, réuni en mai 1921, pour faire connaître son opinion sur le dossier des Assurances sociales. Le projet gouvernemental visant à combler le retard français et le décalage avec les populations alsaciennes et lorraines apparaît aux yeux des mutualistes dangereusement étatique. *« Je n'en veux pas, je n'en veux pas, je n'en veux pas*[112] *»*, martèle Léon Robelin. De plus, la coupure ministérielle entre le ministère du Travail, seul chargé de la réforme, et celui de la Prévoyance, qui conserve la tutelle de la Mutualité, tend à écarter les mutualistes du chantier qui vient de s'ouvrir.

## La nomination d'Aristide-Victor Thiriet

Après le transfert du siège fédéral au 3 de la rue Récamier, à Paris, dans des locaux de la Ligue de l'enseignement, dont Léon Robelin continue d'assurer officiellement le secrétariat général, le temps est venu de prendre des mesures de réorganisation interne. La démission de Paul Maze, le 26 septembre 1921, en fournit l'occasion, en même temps qu'elle écarte l'éventualité d'une mainmise de la Ligue nationale de la prévoyance et de la mutualité sur la Fédération. L'arrivée d'Aristide-Victor Thiriet au poste de secrétaire général permet d'installer un véritable secrétariat, qui demeurait formé jusqu'alors d'administrateurs bénévoles. Cadre supérieur de l'industrie et du commerce, il s'affirme à la

[112] Léon Robelin, in *Compte rendu du congrès de la Mutualité du Nord (14-15-16 mai 1921)*, p. 52.

fois comme un organisateur de talent et un homme de réflexion.

Aristide-Victor Thiriet exprime dans une brochure [113] des préoccupations doctrinales non conformistes. La pratique mutualiste cantonnée dans la dispense de secours temporaires en cas de maladie doit s'élever au niveau d'une *« défense sociale tout entière »*. Constatant que la population mutualiste est *« aujourd'hui beaucoup plus petite bourgeoise qu'ouvrière »,* il affirme la nécessité de mutualiser la classe ouvrière dans son ensemble. S'il marque la frontière entre l'assurance de solidarité et l'assurance de marché, il n'en souligne pas moins le besoin de recourir aux techniques actuarielles pour la couverture de certains risques comme la retraite.

L'assouplissement des positions gouvernementales au cours de 1922, sous l'influence du rapporteur du projet de loi, le docteur Édouard Grinda, ancien administrateur de l'Union mutualiste des Alpes-Maritimes [114], permet à la Fédération de renouer des rapports constructifs avec les pouvoirs publics [115]. Léon Robelin fait adopter à l'occasion d'un congrès régional réuni à Valence, en avril, un texte exprimant une adhésion sans réserve au principe d'obligation, en raison des *« amendements favorables au sens mutualiste arrêté d'un commun accord entre la Fédération, le Conseil supérieur et le rapporteur du projet de loi* [116] *»*. À la fin de l'année 1922 et au début de 1923, deux mouvements dans le personnel de la haute administration confirment l'évolution favorable à la Mutualité. Il s'agit du départ de Georges Cahen-Salvador, tenu

---

[113] A.-V. Thiriet, *Travail documentaire,* section de l'économie sociale de l'Exposition coloniale, agricole et industrielle de Strasbourg, 1924.

[114] En 1926, il succède à Ernest Lairolle à la tête de l'Union départementale des Alpes-Maritimes et devient administrateur de la FNMF.

[115] Sur les relations de la Mutualité avec les pouvoirs publics dans le cours de l'élaboration des Assurances sociales, cf. le rapport rédigé par Didier Renard, *Initiative des politiques et contrôle des dispositifs décentralisés. La protection sociale et l'État sous la Troisième République, 1885-1935*, Université de Franche-Comté/GAPP, Besançon/Cachan, 2000, auquel nous empruntons certaines de ses analyses.

[116] *Revue de la prévoyance et de la mutualité,* 1922, p. 148.

pour responsable, à tort ou raison, de l'option étatiste, et de l'arrivée de Georges Roussel, mutualiste convaincu, à la tête d'une direction de la Mutualité et de la Prévoyance restaurée dans ses prérogatives.

Le XIII^e^ congrès national a toutes les raisons de s'ouvrir sous les meilleurs auspices, au début de l'été 1923. En recevant *« l'institution la plus anciennement française »,* le maire radical de Lyon, Édouard Herriot, félicite les mutualistes d'avoir admis le principe d'obligation, que l'on a heureusement appliqué dans l'instruction publique. Le rapporteur général, Aristide-Victor Thiriet, annonce que le soutien de la Mutualité est acquis à la réforme, depuis qu'elle a reçu les apaisements souhaités sur l'avenir de ses groupements. L'opinion favorable émise par le congrès de Lyon sur le projet d'assurances sociales est très mal reçue à la Ligue nationale. On estime que les délégués n'ont pas été convenablement informés de l'aspect essentiel du problème, car les intentions parlementaires risquent de faire table rase *« de l'organisation mutualiste actuelle* [117] *»*. Le projet Grinda, adopté par la Chambre en avril 1924, fait en réalité la part belle à la Mutualité en accordant aux caisses primaires, créées par des sociétés de secours mutuels, le transfert de la présomption d'affiliation des mutualistes et un délai pour la formation des caisses.

Au cours de l'année 1924 se produit un événement, banal en soi, mais historique pour la Fédération : vingt-deux ans après sa naissance, elle engage son premier employé permanent, M. Porez, sténodactylographe, qui assurera le secrétariat fédéral pendant plus vingt ans. Par ailleurs, l'implantation des unions départementales, au nombre de 69, continue sa progression. Un nouveau problème de direction perturbe cependant la rationalisation progressive du

---

[117] *Revue de la prévoyance et de la mutualité,* 1923, p. 92.

fonctionnement fédéral. Léon Robelin, *« terrassé par la fièvre typhoïde »,* n'a pas assisté au congrès national de Lyon. Les complications provoquées par l'affection l'auraient conduit, selon Jean Bennet [118], à renoncer dès 1923 à ses fonctions. L'information est erronée, le président ayant poursuivi officiellement son activité jusqu'en 1925. Les problèmes de santé du président constituent-ils la seule explication d'un relatif effacement pendant ces deux années ?

D'autres facteurs l'ont-ils fragilisé ? Une campagne a ainsi été menée dans la presse concernant ses responsabilités antérieures à la Ligue de l'enseignement, à la veille du congrès de Lyon [119]. L'influence d'une telle imputation, dont nous n'avons pu établir les circonstances, peut d'autant moins être écartée que les termes de *« droiture »* et de *« désintéressement »* reviennent souvent dans les hommages qui lui sont rendus au cours de cette période. C'est d'ailleurs l'hypothèse que retient Romain Lavielle dans l'éloge funèbre qu'il prononce, en 1938. Le secrétaire général de la FNMF estime que Léon Robelin aurait pu être l'homme du renouveau, après la guerre, *« si certains événements, certaines batailles externes, surtout, ne l'avaient paralysé [120] ».* Ajoutons que l'ancien président continuera jusqu'à sa disparition à promouvoir avec vitalité et talent la pratique mutualiste, au sein de la direction de l'Union nationale des présidents des SSM.

## La tentation politique

L'adoption par la Chambre du projet Grinda, au printemps de 1924, est loin de marquer la fin des travaux sur les Assurances sociales. En fait, le texte va demeurer en

[118] Jean Bennet, *Biographies de personnalités mutualistes*, *op. cit.*, p. 378.
[119] Des responsables mutualistes réunis au siège fédéral, le 23 avril 1923, expriment une protestation indignée contre la mise en garde de leur président, in *Correspondance périodique de la FNMF*, 17 mai 1923.
[120] *Biographies de personnalités mutualistes*, *op. cit.*, p. 379.

souffrance pendant quatre années au Sénat. Dans cette période de flottement, la crise de direction ouverte par la démission de Léon Robelin, effective depuis le 18 mai 1925, apparaît bien malvenue. Un homme extérieur à la Fédération, Gaston Roussel, directeur depuis 1922 de la Mutualité et de la Prévoyance au ministère du Travail, va jouer un rôle majeur dans son dénouement. Proche de Charles Krug, maire radical de Besançon et président de l'Union départementale de Franche-Comté, il se familiarise très tôt avec les problèmes de la Mutualité. Sa rencontre avec le président de la Chambre, Raoul Péret, au début des années 1920, infléchit durablement sa carrière vers les hautes sphères de l'État.

Dès lors, son rôle d'éminence grise du monde mutualiste ne cesse de s'affirmer. Le comité exécutif, réuni pour examiner la situation d'une *« Fédération décapitée »,* selon l'expression de Léon Heller, est informé par le président de séance Jules Vergne que Raoul Péret est candidat, parce que *« notre directeur Roussel l'a dit*[121] *»*. La candidature du président de la Chambre des députés s'avère donc inéluctable, malgré la préférence exprimée par de nombreuses unions en faveur de Georges Petit, président de l'importante Union du Nord. Léon Heller, qui ne cache pas ses réticences, s'efforce de valoriser le seul atout de cette solution : *« Malgré tout, Raoul Péret jettera sur la Fédération un certain prestige dont nous avons besoin. »* Mais il pointe immédiatement l'écueil : la politique de Raoul Péret sera celle de Gaston Roussel. Or la Fédération ne peut devenir le supplétif de l'administration. Pour faire contrepoids, il propose de *« renforcer l'action du comité exécutif »*.

Le choix d'un homme politique pour diriger une institution attachée au principe de neutralité souffre d'un défaut de cohérence. L'assemblée générale du 17 octobre 1925

---

[121] *Compte rendu du comité exécutif,* 31 juillet 1925.

s'efforce de surmonter ce paradoxe en proposant une double direction, associant un président général, Raoul Péret, et un président dit « technique », Georges Petit. Le secrétaire général, contrairement à son style habituel, trahit un certain embarras en utilisant une formule ésotérique pour justifier la double proposition *« en faveur de laquelle militent les plus puissants arguments inductifs et déductifs*[122] *»*. Aristide-Victor Thiriet accomplit là le dernier acte d'un parcours bref, mais fécond. Se sachant condamné, il a présenté sa démission de ce poste éprouvant. Après son décès, l'année suivante, le comité exécutif unanime souligne combien cet homme cultivé et énergique a permis à la Fédération de rationaliser et d'unifier son mode de fonctionnement.

Le surplace des travaux législatifs consacrés aux Assurances sociales irrite la Mutualité française. Raoul Péret hausse le ton au XIV^e^ congrès national, réuni à Strasbourg en septembre 1926. *« Monsieur le ministre, il faut le dire, nous en avons assez* (vifs applaudissement prolongés) *si l'on est partisan des Assurances sociales, il faut les voter, dût-on les organiser dans des conditions moins avantageuses que celles que l'on avait prévues*[123]. » Mais le retard n'est pas la seule source de contrariété. Les modifications du Sénat dans le texte initial tendent à réduire le rôle des groupements mutualistes à une simple fonction distributrice de secours. Le rapporteur de la commission sénatoriale, le docteur Claude Chauveau, se comporte il est vrai comme l'avocat inconditionnel du corporatisme médical. Finalement, le congrès exprime le vœu unanime que les sociétés de secours mutuels et les unions de sociétés soient habilitées à organiser tous les services de l'assurance au profit de leurs membres.

[122] *Bulletin officiel de la FNMF*, n° 29, décembre 1925, p. 7.
[123] *Compte rendu du congrès de Strasbourg de la FNMF (20-26 septembre 1926)*, p. 334.

## Le « oui mais » mutualiste de 1928

Les critiques formulées à l'encontre de la dernière version du texte provoquent un raidissement au sein des sociétés. Gaston Roussel, qui a pris l'habitude de parler aux mutualistes sur le ton sévère d'un précepteur, use cette fois d'un langage quasi militaire au cours de l'assemblée de la Fédération mutualiste de la Seine, réunie au début de l'année 1928. La Mutualité française se trouve, dit-il, devant l'alternative de s'organiser dans le cadre de l'obligation ou de disparaître. *« L'heure n'est plus, je le dis une dernière fois, aux discussions stériles, aux hésitations dangereuses et coupables. Les administrateurs des associations mutuelles doivent se discipliner ou laisser à d'autres le soin de conduire les destinées de leurs groupements* [124]. *»* À la veille des élections législatives d'avril 1928, tout concourt à l'adoption de la variante du Sénat, sous peine d'un nouvel ajournement. Édouard Grinda lui-même plaide le réalisme. L'adoption du texte contesté offre, dit-il, la possibilité d'un perfectionnement ultérieur.

La première loi du 5 avril 1928 instituant les Assurances sociales tend à réaliser un compromis entre le système allemand des caisses professionnelles et la formule britannique d'une gestion mutualisée de l'obligation. La caisse départementale, véritable clé de voûte de l'organisation administrative, reçoit une fonction de tutelle sur les caisses primaires, dites « d'affinité », mutualistes, patronales, syndicales et confessionnelles. Malgré les préoccupations que lui inspire cette architecture, la Mutualité exprime une satisfaction mesurée. *« Nous avons obtenu 90 % de ce que nous demandions* [125] *»,* estime Georges Petit, en ajoutant que la bataille n'est pas encore gagnée. Conscients que l'édifice est encore fragile, les mutualistes participent à la mise en place

---

[124] *La Mutualité nationale,* mars-avril 1928, p. 31.

[125] *Bulletin officiel de la FNMF,* n° 35, décembre 1928, p. 44.

d'un comité d'entente réunissant des institutions de l'économie sociale, notamment la Fédération nationale des coopératives de consommation (FNCC) et la CGT, dans le but *« d'examiner toutes les manœuvres tentées contre la loi et de réagir contre elles*[126] ».

Trois corporatismes ont déclaré la guerre à la réforme : les agriculteurs, qui bataillent depuis la loi de 1884 sur le syndicalisme pour un statut particulier ; les médecins, qui mobilisent toutes leurs forces[127] pour s'opposer à des dispositions jugées mortelles pour le libéralisme médical, en particulier le tiers payant qui interdit toute entente directe avec le patient ; le patronat, enfin, hostile par principe aux Assurances sociales, qui exige une rectification de la loi favorable à ses intérêts. L'embellie des relations entre le syndicalisme ouvrier et la Mutualité a été de courte durée. Tout en veillant à ne pas être assimilé au camp des détracteurs du nouveau régime social, les dirigeants fédéraux mettent en garde contre l'hydre étatique dissimulée derrière la caisse départementale, véritable *« caisse d'État avec ses rigueurs et ses froideurs*[128] ». Le principe de la loi n'est pas en cause, mais ses conditions d'application. Par conséquent, il faut *« porter la pioche dans l'édifice bureaucratique*[129] », estime Raoul Péret devant une assemblée mutualiste tenue à Nancy, en novembre 1929.

Stimulée par les enjeux du contexte social, la construction de l'appareil fédéral initiée par Aristide-Victor Thiriet s'est poursuivie. Le comité exécutif du 5 juillet 1928 procède à la nomination de deux fortes personnalités appelées à jouer un rôle majeur dans l'histoire de la Fédération : Marc

---

[126] *Compte rendu du congrès national de la Fédération nationale des mutuelles ouvrières Le Travail*, 1932, p. 198 et 199.

[127] La Confédération des syndicats médicaux français (CSMF) est créée le 5 décembre 1928.

[128] Raoul Petit, « Assemblée générale du 23 février 1929 », *Bulletin officiel de la FNMF*, n° 36, p. 34.

[129] In *Compte rendu du congrès national des Caisses ouvrières d'assurances sociales (30 septembre-1er octobre 1932, Paris)*, Fédération nationale des mutuelles ouvrières Le Travail, 1932, p. 203.

Degas comme directeur des service administratifs et Romain Lavielle au poste de secrétaire général. Les effectifs – six personnes – et les locaux fédéraux demeurent modestes. L'unique pièce dont dispose la Fédération depuis 1921, rue Récamier, est complétée par l'occupation, en 1929, de la salle de la bibliothèque de la Ligue de l'enseignement, pour la gestion des caisses autonomes. Paradoxalement, le changement d'échelle sur le plan du personnel et de l'immobilier va se produire dans le sillage de la mise en œuvre effective des Assurances sociales, après la seconde loi votée en 1930.

# Chapitre V
# Ombres et lumières d'une gestion (1930-1944)

La formation du deuxième cabinet André Tardieu, le 2 mars 1930, débloque enfin la situation. Le président du Conseil, conservateur à l'intelligence brillante, est d'autant plus déterminé à pratiquer un réformisme social que l'onde de choc du récent krach boursier de Wall Street commence à se propager en Europe. Deux hommes incarnent cette volonté réformatrice au gouvernement : Raoul Péret et Pierre Laval. Nommé ministre de la Justice et vice-président du Conseil, le président général de la FNMF est en position favorable pour faire entendre les aspirations mutualistes. Sa nomination aux Finances, en 1926, avait déjà suscité l'espoir qu'il fût *« le bon avocat de la Mutualité auprès de son administration* [130] *»*. Quant au ministre du Travail, Pierre Laval, il a été choisi pour son art du compromis et l'éclectisme de ses relations personnelles, nouées au sein du grand patronat et dans certains milieux syndicalistes. La méthode s'avère efficace, puisqu'il rallie, moins de deux mois après la formation du gouvernement, les suffrages de la droite et de la gauche, à

[130] *Bulletin officiel de la FNMF*, n° 30, janvier-avril 1926, p. 2.

l'exception des communistes[131]. La loi instituant définitivement le régime des Assurances sociales est votée par 547 voix contre 29, le 23 avril 1930.

Le président de la commission d'assurance et de prévoyance sociales, Édouard Grinda, a fait valoir dans le débat parlementaire que la réécriture de la loi de 1928 répond à l'engagement pris par les mutualistes d'assurer la mise en œuvre de la réforme. Il ajoute : *« Dans un avenir prochain cette charge, nous en avons la conviction, lui incombera en totalité. Sa puissance d'attraction deviendra considérable*[132]. *»* Georges Petit exprime une satisfaction teintée de soulagement : *« Nous venons de vivre les heures les plus dangereuses que nous ayons connues, et qui ont mis en péril l'existence même de nos sociétés. Nous sortons de cette dure épreuve fortifiés*[133]. *»* Une concession majeure est faite aux mutualistes : la caisse départementale perd sa fonction de tutelle, notamment sur les plans de la réassurance, de l'encaissement et de la ventilation des cotisations. L'adhésion par affinité est consacrée comme principe directeur de la loi. La caisse départementale est réduite au rôle de caisse « résiduelle », pour les assurés qui ne veulent ou ne peuvent choisir leur caisse primaire.

Les milieux confessionnels et patronaux se réjouissent de voir leurs caisses d'allocations familiales et professionnelles légitimées. Les médecins obtiennent la suppression du tiers payant et les agriculteurs l'octroi du régime spécial tant désiré. En dépit de sa déception pour le déclassement de la caisse départementale, la CGT confédérée constitue toujours un solide point d'appui pour le législateur. La CGTU maintient

[131] Cf. Fred Kupferman, *Laval*, Flammarion, 1988, p. 72. Le ministre du Travail, recevant une délégation ouvrière hostile à la loi et conduite par le secrétaire de la Fédération CGT des dockers, un ami de jeunesse, lui déclare : *« Personne ne vous vole. Les affiliés pourront choisir librement leurs caisses et ce sont des mutuelles, vos mutuelles, qui vont gérer les fonds. Aujourd'hui, vous me conspuez. Vos enfants me remercieront. »*

[132] *Journal officiel des débats de la Chambre des députés,* 17 avril 1930, p. 1934.

[133] *Bulletin officiel de la FNMF*, n° 42, 1er mars-30 avril 1930, p. 2.

son rejet sans nuances d'une réforme qualifiée de *« loi de duperie et d'escroquerie »*, dans le fil du syndicalisme révolutionnaire d'avant 1914.

**Brève euphorie**

Les dispositions retenues pour le fonctionnement des caisses répondent aux vœux exprimés par les mutualistes. Le groupement bénéficie de la présomption d'affiliation de tous ses adhérents à la caisse primaire qu'il vient de créer. En outre, les conseils d'administration des caisses départementales sont désignés selon des modalités qui favorisent une certaine prépondérance des unions départementales de sociétés de secours mutuels. Pierre Laroque estime que *« les mutualistes ont eu le quasi-monopole dans cette gestion* [134] *»*.

Le XV^e^ congrès national de la FNMF, réuni à Lille en juin 1930, avec une année de retard en raison de l'attente des textes législatifs, salue avec enthousiasme l'avènement d'un nouvel âge social. Pour le secrétaire général, Romain Lavielle, nul doute qu'il y a désormais pour la Mutualité un avant et un après les Assurances sociales. Certes, Georges Petit recommande une certaine prudence : *« N'entreprenons pas la réalisation de projets chimériques. Allons à pas menus* [135]. *»* Mais comment ne pas envisager l'avenir avec confiance quand le ministre du Travail vous déclare : *« Je ne connais pas de définition plus belle et plus exacte des Assurances sociales que celle même de "Mutualité"* [136]. *»* La clôture du congrès, qui se déroule à ciel ouvert dans les rues de Lille, donne lieu à la plus importante manifestation populaire qu'ait connue le Nord

---

[134] Pierre Laroque, « L'influence mutualiste dans le système de protection sociale français. Évolution et perspectives d'avenir », *Prévenir*, n° 9, mai 1984, p. 128.

[135] *Compte rendu du XV^e^ congrès national de la Mutualité française (2-9 juin 1930)*, p. 73.

[136] *Ibidem*, p. 114. Le *Bulletin officiel de la FNMF*, mars-avril 1930, reconnaît à Pierre Laval le titre de *« ministre de la Mutualité »*. Le souvenir de cette relation fructueuse ne sera pas sans nourrir de dangereuses illusions une décennie plus tard.

depuis longtemps, souligne la presse. Mais l'automne et l'hiver annoncent des temps moins radieux.

Une crise de direction touche à nouveau la Mutualité française, la plus grave probablement de son histoire. La révélation des liens entre Albert Oustric, financier douteux en faillite, et Raoul Péret provoque en décembre 1930 la chute du gouvernement Tardieu et la démission du président général. L'esclandre est d'autant plus retentissant que Raoul Péret est accusé d'avoir favorisé les entreprises spéculatrices du prévenu comme ministre des Finances et entravé l'action de la justice comme garde des Sceaux. Georges Petit, qui a assuré pendant quatre mois la présidence, donne également sa démission en mars 1931, sans que l'on puisse établir un lien avec le départ précédent. Seuls les soucis de santé de son épouse sont officiellement invoqués [137].

Pour le coup, *« avec cette double défection présidentielle, la Fédération nationale subit une crise grave de commandement* [138] *»*, constate Romain Lavielle. Léon Heller, vice-président délégué, est chargé d'assurer l'intérim. Malgré la vacance présidentielle, le comité exécutif du 13 mars 1931 adopte une innovation importante : la convocation, dans l'intervalle des congrès, d'états généraux ouverts à un maximum de 300 délégués désignés par les unions départementales, en vue d'étudier toutes questions intéressant la Mutualité et les Assurances sociales.

## Retour aux valeurs mutualistes

Le « triumvirat » Péret, Petit et Roussel s'est effacé. Gaston Roussel quittera en 1933 la direction générale des

---

[137] Jean Bennet évoque, lors de la cessation de toute activité mutualiste par Georges Petit, en 1934, une *« gestion contestée »* de l'Union du Nord, *« en raison de certaines imprudences dans une politique d'emprunt peu compatible avec les besoins réels. Les mutualistes lui reprochèrent ses idées de grandeur »*. In *Biographies de personnalités mutualistes*, *op. cit.*, p. 344.

[138] *Bulletin officiel de la FNMF*, n° 48, 1er mars-30 avril 1931, p. 11.

Assurances sociales, après sa mise en cause dans la faillite d'une société d'anciens combattants, La France mutualiste [139]. Acquitté en juillet 1931 par la Haute Cour de justice constituée par le Sénat, Raoul Péret assumera jusqu'en 1939 la vice-présidence du Conseil supérieur des sociétés de secours mutuels [140]. Échaudé par l'expérience, le comité exécutif propose à l'assemblée générale du 26 juin 1931 d'écarter *« toute candidature politique »,* afin de désigner *« l'un des nôtres* [141] *».* Vice-président de la FNMF et président de la Fédération mutualiste de la Seine, Léon Heller, négociant en tissus, est élu à la tête de la Fédération nationale.

Le nouveau président prend ses fonctions en ouvrant la première session des états généraux, réunie à la Maison de la Mutualité que l'on vient d'inaugurer, le 26 juin 1931, rue Saint-Victor, dans le 5e arrondissement de Paris. L'allégresse de l'année précédente semble bien loin. Léon Heller sonne l'alarme : *« Est-ce que nous ne sommes pas réunis aujourd'hui pour sauver la Mutualité que nous sentons menacée et surtout pour sauver la sainte liberté qui a été octroyée par la Charte du 1er avril 1898* [142]. » L'irritation des groupements porte essentiellement sur l'effectif pléthorique des caisses départementales, soupçonnées de détourner les adhérents du mouvement. Comment est-il possible que le choix des assurés sociaux se soit porté majoritairement sur les caisses « résiduelles »[143] ? De plus, le fonctionnement du nouveau système contribue à miner l'unité mutualiste. La séparation entre les assujettis et les non-assujettis, la mobilisation des énergies pour gérer le nouveau régime et

---

[139] Michel Dreyfus, « Le mouvement mutualiste devant l'enjeu des Assurances sociales (1920-1930) », *Vie sociale*, n° 3-4, 1999, p. 45.

[140] Jean Bennet, cependant, qui tient pour vraisemblable les accusations de corruption le concernant, justifie l'absence de Raoul Péret dans ses *Biographies de personnalités mutualistes* par le discrédit que le personnage a jeté sur la Mutualité. Entretien avec l'auteur.

[141] *Le Mutualiste de la Seine*, n° 36, avril-mai 1931.

[142] *Bulletin officiel de la FNMF*, n° 49, mai-juin 1931, p. 5.

[143] Les caisses départementales regroupent 52 % des assurés sociaux, contre 21 % dans les caisses mutualistes.

répondre aux besoins des exclus de la loi font en effet peser de lourdes hypothèques sur la cohésion de la pratique mutualiste traditionnelle.

En 1932, la FNMF soutient un projet déposé par les députés Maurice Dormann et Jean Montigny en vue de réviser des aspects importants de la loi, sans toucher au principe essentiel d'obligation. Maurice Dormann, élu de Seine-et-Oise et ancien ministre des Pensions en 1930, est membre du comité exécutif de la FNMF. Cette initiative parlementaire est dénoncée par les syndicalistes comme une volonté hégémonique de mutualisation des Assurances sociales. Consciente des risques d'affrontements que suscite cette démarche, la Mutualité française ne tarde pas à prendre ses distances avec les aspects les plus radicaux du projet Dormann-Montigny, notamment la suppression du précompte [144]. L'intéressé le prend mal : « *Personnellement, je considère que la Mutualité est bafouée [...] Nous ne disons rien, nous ne protestons pas* [145]. »

La critique du nouveau régime social s'exprime plus aisément, il est vrai, dans un cadre mutualiste moins officiel, comme celui de l'Union nationale des présidents de sociétés de secours mutuels et de son journal mensuel, *La Mutualité nationale* [146]. Le président de l'Union, Georges Mahieu, a été secrétaire général adjoint de la FNMF dans les années 1920. Deux anciens présidents de la Fédération figurent au comité permanent : Georges Petit et surtout Léon Robelin, rédacteur en chef du journal. La présence de Léon Heller au poste de vice-président marque la relation de proximité entre les deux organisations.

L'Union dit à haute voix ce que l'on est tenu de penser tout bas par devoir de réserve. Malgré le souci de garder une

---

[144] Retenue opérée par l'employeur pour le compte des caisses d'Assurances sociales.
[145] « États généraux de la Mutualité, 16, 17 et 18 septembre 1934 », *Bulletin officiel de la FNMF*, n° 72, p. 7.
[146] Fondée par Jean Barberet en 1892.

relative harmonie entre ces différents registres, les couacs sont difficiles à éviter, d'autant qu'à l'été 1935 la direction nationale entre à nouveau dans une zone de turbulences. Léon Heller vient de donner *« irrévocablement sa démission »,* pour raison de fatigue. Il a 68 ans. Toutes les démarches pour le faire revenir sur sa décision semblent demeurer vaines, y compris celle du président du Conseil, Pierre Laval [147]. Finalement, les sollicitations pressantes s'exerçant de toutes parts, le comité exécutif du 5 septembre 1935 obtient que l'intéressé conserve provisoirement ses fonctions de président de la Fédération nationale, sous la réserve formelle qu'un successeur lui soit donné lors de l'assemblée générale de 1936 [148]. En fait, Léon Heller restera à son poste pendant quinze années encore. Cet accès d'asthénie surmonté, la longue série des *« fluctuations présidentielles* [149] *»* est enfin close.

## Gestionnaire et protestataire

La période des Assurances sociales, souvent décrite sous les traits flatteurs d'un ascendant mutualiste, est loin d'avoir été le long fleuve tranquille que suggère cette représentation [150]. Une chose est sûre, l'expression publique de la Mutualité donne plus souvent lieu à la protestation qu'au satisfecit. Sa position, délicate en tant qu'institution gestionnaire, lui interdit cependant de s'engager dans une guérilla permanente contre une administration détentrice des responsabilités les plus lourdes. Outre le pouvoir récurrent de fixer par arrêté ou décret le niveau des cotisations et des prestations, la loi de 1930 a confié aux services extérieurs de

[147] Cf. procès-verbal de la 1re séance du comité exécutif du 20 août 1935.
[148] *Bulletin officiel de la FNMF*, n° 79, septembre-octobre 1935, p. 2.
[149] Selon l'expression de Romain Lavielle.
[150] Que nous avons contribué à diffuser, pour notre part, dans les années 1980, période au cours de laquelle s'est véritablement ouvert le chantier de l'histoire des Assurances sociales.

l'État l'immatriculation des assurés et le recouvrement des cotisations. Au surplus, la politique déflationniste de Pierre Laval, menée au moyen d'une série de décrets-lois à partir de l'été 1935, opère une baisse autoritaire de 10 % sur tous les revenus, qui se traduit par la réduction du quart des ressources des caisses d'Assurances sociales. La neutralité mutualiste est mise à rude épreuve.

Le débat ne peut manquer de s'ouvrir sur le niveau de riposte requis. L'Union nationale des présidents, déterminée à assumer le rôle d'aiguillon, organise le 14 décembre 1935 une grande manifestation sur le thème *« La Mutualité ne veut pas mourir »*. L'orateur, Léon Robelin, dénonce vivement, devant plusieurs centaines de délégués franciliens, *« le couperet de guillotine* [151] *»* dirigé contre les œuvres du mouvement. Influence ou non du groupe de pression intra-mutualiste, Romain Lavielle constate, lors des états généraux de juillet 1937, que la Charte de 1898 est *« abîmée, mutilée, boiteuse, méconnaissable* [152] *»* et reconnaît que *« la Mutualité n'a pas osé se dresser assez vivement pour montrer le danger »*.

Mais tout ne va pas si mal, assure Léon Heller, en se réjouissant que l'évolution de la Mutualité française soit *« intimement liée à l'évolution sociale qui s'est manifestée dans notre beau pays depuis le mois de juin 1936* [153] *»*. La satisfaction exprimée à l'égard des événements politiques, rarissime, confirme l'affinité traditionnelle liant le mouvement et les parlementaires radicaux, élément clé de l'alternance. Mais le Front populaire n'est déjà plus que l'ombre de lui-même, depuis que Chautemps a remplacé Blum, le 21 juin 1937. Les tensions avec la puissance publique reviennent en force. Un décret-loi publié le 28 août est vivement récusé par

[151] *La Mutualité nationale*, n° 10, décembre 1935.
[152] *Bulletin officiel de la FNMF*, n° 92, numéro spécial, p. 2.
[153] *Ibidem*, p. 61.

les responsables de l'Union nationale. Ils estiment qu'il endommage la Charte de 1898. La critique est faite au gouvernement d'étendre la tutelle administrative et d'aggraver tout particulièrement les conditions d'existence des sociétés libres.

La direction de la FNMF est à nouveau sur la sellette dans les colonnes de *La Mutualité nationale* [154]. Elle se voit reprocher son défaut de réactivité. Cette divergence provoque même un incident. Léon Heller, qui a jugé les informations du journal *« désobligeantes à l'égard de l'action fédérale »,* clôt l'épisode après avoir rencontré les membres du comité permanent. Néanmoins, Romain Lavielle semblera donner raison à ces critiques lors de l'assemblée générale suivante, en évoquant le décret *« mutualophobe »* d'août 1937, *« que trop d'entre nous ont reçu avec une indifférence étonnante* [155] *».* Mais la montée angoissante des périls internationaux en cette fin de décennie et, sur un autre plan, le décès, le 21 avril 1938, de Léon Robelin, la seule personnalité d'envergure nationale à l'Union, favorisent le retour à des rapports normalisés entre les deux institutions.

## Bilan globalement positif ?

Vers la fin des années 1930, la Mutualité française retrouve progressivement sa sérénité, en dépit des contentieux accumulés avec l'environnement politique et social. Après avoir craint le pire, les déconvenues apparaissent davantage comme des péripéties. Paradoxe que Romain Lavielle exprime avec son sens si particulier de la formule : *« Le plus mauvais du parcours est fait ; les Assurances sociales n'ont pas tué la Mutualité. C'est donc qu'elle peut leur survivre* [156]*. »* Au-delà

[154] *La Mutualité nationale,* n° 12, décembre 1937.

[155] « Assemblée générale, 28 septembre 1938 », *Bulletin officiel de la FNMF*, n° 99, septembre-octobre 1938, p. 10.

[156] *Compte rendu du XVII^e^ congrès national (28-31 mai 1936, Toulouse)*, p. 3.

d'une objection quasi philosophique contre l'obligation, que le secrétaire général conservera jusqu'à la fin de sa vie[157], le constat a le mérite de reconnaître que la Mutualité possède un avenir dans le sillage du régime obligatoire.

Les dirigeants mutualistes ont quelques bonnes raisons d'invoquer l'efficacité de leur concours à la mise en place du premier système d'Assurances sociales en France [158]. La compétence et le dévouement consentis ont durablement inscrit l'empreinte mutualiste sur le système français de protection sociale. Les mutuelles *« ont non seulement rodé un modèle de prévoyance qui sera peu à peu généralisé sans changement majeur, mais aussi inauguré une façon de le gérer et de le penser toujours actuelle* [159] *»*. L'image de la Mutualité y a gagné un rayonnement persistant. Reste à évaluer la part du mythe dans cette représentation, à propos notamment du nombre de caisses primaires effectivement créées par les sociétés de secours mutuels.

Si la littérature de l'entre-deux-guerres attribue souvent à la Mutualité la paternité de 80 % des 727 caisses d'affinité existantes, cette proportion sera ramenée au niveau plus modeste de 25 % dans toutes les études publiées à la Libération. La différence résulte de la volonté de distinguer alors les caisses authentiquement mutualistes des caisses confessionnelles et patronales. Ce souci de clarification était d'ailleurs présent dans le rapport de la commission de la Chambre en 1930, sous la plume d'un Étienne Antonelli pointant *« une fausse mutualité qui ne s'est réclamée de la loi de 1898 que pour dissimuler ses véritables buts qui étaient*

[157] Romain Lavielle, alors vice-président de la FNMF, affirme, en 1951 : *« Le sentiment d'obligation est une morale de troupeau, comme l'appelle Nietzsche. Ce n'est pas la nôtre »*. In *Compte rendu du XX^e^ congrès national (Vichy, 10-13 mai 1951)*, p. 15.

[158] *La Mutualité française, Exposition universelle, Paris, 1937.*

[159] Olivier Faure, *Les Français et leur médecine au XIX^e^ siècle*, Belin, 1993, p. 142.

*d'accaparer les assurances sociales au profit de certains intérêts sociaux*[160] ».

On dénombre ainsi, au cours des années 1930, 413 caisses professionnelles et familiales d'inspiration patronale, soit plus de la moitié de l'ensemble. Gustave Bonvoisin, l'un des principaux inspirateurs du mouvement, se réclame du label mutualiste, tout en soulignant que ces caisses sont des organismes *« à gestion paritaire, où les patrons et les ouvriers partagent à égalité honneur et responsabilité*[161] ». Le paritarisme, qui confère une position potentiellement dominante au patronat, est historiquement antinomique du concept mutualiste de démocratie sociale, fondé sur le principe « une personne, une voix »[162].

Gustave Bonvoisin, délégué de l'Union nationale des industries métallurgiques et minières (UNIMM) et animateur des institutions sociales patronales de la « rue Guyot »[163], notamment le Comité central des allocations familiales, mis en place par le Comité des forges en 1920, sera administrateur de la Fédération nationale de la Mutualité française de 1932 à 1945. Quoi qu'il en soit, au-delà de ses 176 caisses authentiquement mutualistes, la Mutualité tient une place de premier plan dans la gestion des caisses départementales, qui accueillent plus de la moitié des assurés sociaux, ainsi que dans les organismes régionaux et nationaux, tel le Comité général d'entente de la Mutualité et des Assurances sociales, présidé par Léon Heller.

Les atouts offerts par cette position prééminente pour le développement du mouvement sont indéniables. Les effectifs

[160] Cité par Didier Renard, *La protection sociale et l'État sous la Troisième République*, *op. cit.*, p. 372. Cf. sur ce sujet Bernard Gibaud, *Les acteurs à l'heure de la mise en place*, séminaire sur les Assurances sociales de l'Institut d'histoire du temps présent, Cachan, 26 janvier 2000 (à paraître).

[161] *Congrès de l'Union nationale des caisses primaires professionnelles et interprofessionnelles (Paris, 19-21 octobre 1934)*, p. 278.

[162] Cf. Bernard Gibaud, « Paritarisme, démocratie sociale : aperçus historiques sur une liaison hasardeuse », *Mouvements*, La Découverte, n° 14, mars-avril 2001, p. 38-45.

[163] La rue Guyot, siège des œuvres patronales de la métallurgie, deviendra à la Libération la rue Médéric, du nom d'un membre de l'Assemblée consultative d'Alger, mort dans la Résistance.

mutualistes passent ainsi de 4,5 millions en 1920 à plus de 9 millions en 1939. Les moyens humains et techniques de l'organisation fédérale font également un bond impressionnant. C'est d'abord, en 1932, l'acquisition par la Fédération de son premier siège fédéral, trente ans après sa naissance. L'immeuble, situé 40, boulevard Malesherbes, dans le 8e arrondissement de Paris, est obtenu au titre de placement des fonds de la Caisse d'assurances sociales de capitalisation. La formule, avantageuse sous les Assurances sociales, deviendra source d'embarras, la Sécurité sociale venue. Dans l'immédiat, la Fédération possède enfin un toit conforme à son rang. Le nombre des salariés s'ajuste à la montée en charge des responsabilités gestionnaires ; l'effectif passe de 12 agents en 1932 à 94 personnes à la veille de la guerre.

Tremplin pour le développement général de la Mutualité en France, le régime des Assurances sociales assure également l'épanouissement de la fonction dirigeante de la FNMF. La comparaison entre les périodes d'avant et d'après 1930 est, de ce point de vue, particulièrement édifiante. Ses différents organes d'administration : assemblée générale, états généraux de la Mutualité, conseil d'administration, comité exécutif, ont progressivement acquis une stabilité de fonctionnement. Le congrès national, organisé depuis 1925 par la FNMF, conserve toutefois une certaine extraterritorialité fédérale, comme forme supérieure de la démocratie mutualiste. L'activité fédérale stimule, comme l'avait pressenti initialement Léopold Mabilleau, la création des unions départementales. Ces dernières, au nombre de 69 en 1924, sont devenues 84 en 1937.

L'intégration, en 1931, des unions spécialisées au sein de la direction fédérale constitue une étape importante pour le rassemblement du mouvement. Les activités sanitaires et sociales les plus diverses sont ainsi représentées au sommet de l'organisation mutualiste. La création d'une Union nationale des caisses chirurgicales mutualistes, en septembre 1938, marque un tournant pour la Fédération, qui s'efforçait d'assurer la couverture de ce type de risques en privilégiant le développement des cliniques chirurgicales [164]. La méfiance inspirée par le lancement quelques années plus tôt, d'un réseau de caisses chirurgicales à l'initiative de gestionnaires de cliniques, notamment Raymond Belly et François Delmas, tend à s'estomper, comme le constate le XVIII^e^ congrès national, réuni à Toulon en mai 1939. La résolution générale fixe en effet l'objectif de préparer l'union de toutes les caisses chirurgicales *« animées d'un sincère esprit mutualiste »*.

Dans son allocution de clôture, Léon Heller se félicite de *« la contribution importante apportée à la loi »* par les groupements depuis neuf ans. Mais bientôt un doute tourmentera les mutualistes : n'en avons-nous pas trop fait, au point de négliger la vie de notre mouvement [165] ? Pour le futur « père » de la Sécurité sociale, Pierre Laroque, déjà actif sur le chantier des Assurances sociales, il s'agissait d'un contre-emploi : *« La Mutualité s'était enlisée et bureaucratisée dans les Assurances sociales. Elle était devenue purement gestionnaire, alors que sa vocation est de faire du neuf, jouer un rôle pionnier* [166]*. »* Mais la Mutualité n'a guère le loisir d'ouvrir une réflexion critique sur la décennie écoulée, face à la tourmente qui s'avance.

## « Poursuivre sans relâche notre mission »

L'entrée de la France dans la Seconde Guerre mondiale, en septembre 1939, ne prend pas au dépourvu des

---

[164] Cf. Michel Dreyfus et Bernard Gibaud, *1900-2000. La Mutualité dans le siècle*, Mutualité française, 2000, p. 51-52.

[165] Cf. le travail pionnier sur ce sujet de Jean-Louis Morgenthaler, *La Mutualité française de 1945 à 1976, de la tradition au modernisme,* doctorat de 3^e^ cycle, université de Nancy II, sous la direction d'Henri Hatzfeld, 1981.

[166] Bernard Gibaud, *De la Mutualité à la Sécurité sociale..., op. cit.*, p. 104.

responsables fédéraux qui sentaient venir l'orage depuis la capitulation franco-britannique devant Hitler à Munich, l'année précédente. L'administration fédérale, dont le quart des effectifs a été mobilisé, entreprend le déménagement d'archives et de matériel dans le château de Brétigny (Eure-et-Loir), loué à cet effet. Lors du comité exécutif du 7 octobre 1939, le secrétaire général informe ses collègues que 75 caisses représentant 7 tonnes de matériel ont été transportées dans des locaux destinés à accueillir également du personnel.

Un comité restreint disposant de tous les pouvoirs est constitué d'administrateurs domiciliés à Paris, en raison du nombre des mobilisés. À l'évidence, la « drôle de guerre » n'est pas destinée à le demeurer. Le secrétaire général confirme devant l'assemblée du 13 avril 1940, dont plus de la moitié des membres sont aux armées, que le conflit s'annonce long et impitoyable. Il importe plus que jamais de fournir *« tous les efforts nécessaires pour que les sociétés de secours mutuels, les unions et leurs services communs, les caisses d'assurances sociales, les œuvres et les établissements poursuivent, sans relâche, leur rôle et leur mission* [167] *»*.

L'effondrement, en juin 1940, militaire, politique et moral, sans précédent dans l'histoire du pays, place les groupements devant des circonstances inattendues pour l'exercice de leurs responsabilités sociales. Malgré l'occupation des deux tiers de la France au nord d'une « ligne de démarcation » traversant le pays de la frontière suisse à la frontière espagnole et la fondation d'un État français dans la partie sud, collaborant officiellement avec le III^e^ Reich, le cadre juridique qui régit la pratique mutualiste et les Assurances sociales reste apparemment en vigueur. Le traitement réservé à la Mutualité est singulièrement plus

[167] *Procès-verbal de la première séance de l'assemblée générale du 13 avril 1940*, p. 4.

souple que celui appliqué aux organisations politiques et syndicales [168]. Sans que l'on puisse considérer la protection sociale comme un *no man's land* idéologique et politique, on retiendra que la politique sociale de l'État français peut s'analyser *« comme un trait d'union plus que comme une césure* [169] *»*.

Le conseil d'administration de la FNMF se réunit pour la première fois depuis la défaite le 28 septembre 1940. Pour maintenir l'unité de l'organisation, il est demandé à Eugène André, président de l'Union générale du Rhône et vice-président fédéral, d'exercer par délégation toute action nécessaire auprès des unions départementales de la zone non occupée [170]. Un bureau spécial est créé à Lyon, avec l'autorisation de l'administration, pour organiser les échanges administratifs indispensables au fonctionnement du service des Assurances sociales entre les deux zones. La coopération interzone ne devient effective qu'à partir de l'instauration de la ligne de démarcation, le 9 mai 1941. Le fonctionnement de la correspondance et des paiements demeurera aléatoire, en raison de restrictions inopinées de circulation, jusqu'au 11 novembre 1942, date de l'invasion de la zone « libre », qui étend le régime d'occupation à tout le pays.

Un an après l'installation du gouvernement de Vichy, la Mutualité française éprouve une *« désillusion »* et une sérieuse inquiétude. La déconvenue concerne les positions adoptées par le Conseil de l'ordre des médecins récemment créé. Abel Durand, vice-président de l'Union départementale de la Loire-

---

[168] Michel Dreyfus, *Liberté, égalité, Mutualité, op. cit.*, p. 139. Cf. sur le sujet : Jean Bennet, « La mutualité pendant la Seconde Guerre mondiale (1939-1945) », *Bulletin de liaison du Comité d'histoire de la Sécurité sociale,* n° 13, octobre 1985 ; Bernard Gibaud, *De la Mutualité à la Sécurité sociale, op. cit.*, p. 104-114 ; Michel Radelet, *Mutualisme et syndicalisme*, PUF, 1991, p. 102-115 ; Barbara Hennes, *La Mutualité pendant la Seconde Guerre mondiale*, mémoire de DEA, université de Nantes, 1996 ; Patricia Toucas-Truyen, *La Mutualité au sein des populations littorales en Charente-Inférieure (1850-1945)*, Librairie de l'Inde, 1998, p. 298-307 ; Jean-Luc Souchet, « La Mutualité », p. 237-275, in *La Protection sociale sous le régime de Vichy*, sous la direction de Philippe-Jean Hesse et Jean-Pierre Le Crom, Presses universitaires de Rennes, 2001.

[169] *La Protection sociale sous Vichy*, sous la direction de Philippe-Jean Hesse et Jean-Pierre Le Crom,, *op. cit.*, p. 84.

[170] Jean Bennet, « La mutualité pendant la Seconde Guerre mondiale... », *op. cit.*, p. 52.

Inférieure et vice-président de la FNMF, souligne combien les espérances soulevées par la nouvelle institution se sont révélées décevantes, tant elle paraît inspirée *« non de l'intérêt général, mais du seul intérêt de la corporation médicale. Les médecins réclament toute la charge de la Santé publique* [171] *»*.

L'inquiétude est provoquée par des projets visant à réformer le système des Assurances sociales selon deux options, celle de l'étatisation et celle de la professionnalisation [172]. L'option étatique, de loin la plus redoutée, conduisant à la caisse unique départementale, est soutenue par le secrétaire d'État au Travail René Belin, ancien dirigeant de la CGT. Les interventions fédérales auprès des autorités, pour obtenir le retrait de la réforme, semblent être entendues à l'automne 1941. Le conseil d'administration se réjouit d'un ajournement qu'il espère définitif. À l'occasion d'une première réunion fédérale interzone tenue à Lyon le 15 novembre 1941, Léon Heller se montre à nouveau optimiste sur l'abandon des projets redoutés. Leur retrait, dit-il, résulte à la fois de l'action de la Mutualité et *« de la publication de la Charte du Travail, dont il sera fait état dans un rapport spécial* [173] *»*. Publiée le 4 octobre 1941, celle-ci est ainsi créditée, avant tout examen sur le fond, d'un préjugé favorable pour avoir fait obstacle à la mainmise étatique sur l'Assurance sociale.

## La méprise

L'analyse des objectifs de la Charte du travail est présentée au conseil d'administration de la FNMF du 7 février 1942. Ce texte, publié dans une brochure intitulée *La*

[171] *Procès-verbal du comité exécutif, 20 juin 1941.*
[172] Cf. sur le sujet, Michel Dreyfus, « La Caisse des dépôts et consignations durant la seconde Guerre mondial*e »*, colloque « La Caisse des dépôts et consignations, la Seconde Guerre mondiale et le XX<sup>e</sup> siècle », à paraître.
[173] *Compte rendu général de la réunion fédérale tenue à Lyon, le 15 novembre 1941*, p. 2.

*Mutualité et la Charte du Travail, la collaboration des institutions mutualistes aux mesures d'ordre social*, est adressé à tous les groupements. Dans les circonstances présentes, la Fédération adhère à l'idée que l'union du pays commande le rejet de toute division entre classes sociales. Le fossé creusé par l'histoire entre la mutualité et le syndicalisme masque les objectifs du gouvernement de Vichy, au premier rang desquels le fait que *« la Charte du travail est manifestement destinée à casser les reins du syndicalisme*[174] *»*.

Au-delà d'une adhésion doctrinale au concept illusoire de paix sociale, le soutien mutualiste se veut avant tout pragmatique. La gestion du comité social, poutre maîtresse du dispositif, doit pouvoir être réalisée dans le cadre juridique de la loi de 1898, sous réserve de quelques retouches ; espoir que l'État national entretiendra habilement jusqu'à son effondrement. Paradoxalement, les circonstances se révèlent favorables au nouvel essor de la pratique mutualiste en milieu professionnel, amorcé avec les Assurances sociales. Le rythme de création des sociétés d'entreprise n'a jamais été aussi élevé que dans les années 1942 et 1943. Pour autant, la volonté légitime de poursuivre sa mission solidaire quel que soit le régime en place, conformément à une tradition séculaire, implique-t-elle l'allégeance au chef de l'État français, afin de lui *« apporter son concours absolu à l'œuvre de rénovation et de réconciliation nationales, notamment par une collaboration effective et loyale de l'application pratique de la Charte du Travail*[175] *»* ?

En fait, la Mutualité française semble en état d'hypnose au cours de l'année 1942. Non tant par l'engagement chartiste lui-même que par l'enthousiasme surréaliste qui l'accompagne, dans un contexte de conflagration planétaire et

[174] Robert O. Paxton, *La France de Vichy, 1940-1944*, Seuil, 1973, p. 211.
[175] Conseil d'administration de la FNMF, *Procès-verbal de la 2e séance du 7 février 1942*, p. 8.

d'occupation du pays. Le comble est atteint lors de l'assemblée générale réunie en septembre 1942. Le secrétaire général plaide, non sans légitimité, le réalisme politique : si la Mutualité ne prend pas toute sa place dans le fonctionnement de la Charte, *« c'en est fini d'elle »*. L'enthousiasme sur les perspectives proches ne cesse, en revanche, d'apparaître déconcertant. *« Jamais peut-être, depuis 25 ans, nous n'avons eu d'aussi belles perspectives d'avenir. L'entre deux guerres a été constamment inquiété par ces assurances sociales qui ne cessaient de nous menacer, au lieu de nous associer, et si la Mutualité a survécu, il faut bien dire que fut à grand peine et parce qu'elle était soutenue par notre foi à tous. Et voilà qu'à une heure critique de son existence, tout en elle semble renaître à la vie pour une expansion qui dépasse tout ce qui était possible de rêver* [176]. *»*

## Le recentrage

Le mirage d'un avenir radieux s'évanouit définitivement dans les derniers mois de 1942. Dorénavant, seules les tâches gestionnaires directes retiennent l'attention des mutualistes. La recommandation faite en 1939 par le congrès de Toulon d'unifier les deux organismes concurrents de caisses chirurgicales se réalise le 12 décembre 1942, avec la création de la Fédération nationale des caisses chirurgicales mutualistes. L'inspirateur du mariage de raison entre le courant pionnier de Raymond Belly et le courant fédéral de Romain Lavielle est Henri Triboulat, président de la Caisse chirurgicale des Deux-Sèvres, personnage attachant en raison de ses origines ouvrières et d'une passion unitaire qui l'a conduit à la pratique précoce de la double appartenance.

[176] *Compte rendu de l'assemblée générale de la Fédération nationale de la Mutualité française et des Caisses mutualistes d'Assurances sociales*, Maison de la Mutualité, Paris, 25 et 26 septembre 1942, rapport d'ouverture de Romain Lavielle, p. 13.

C'est encore lui qui fait entendre la voix de la sagesse, au cours de l'assemblée constitutive, sur la délicate question de l'adhésion obligatoire ou non des caisses chirurgicales aux unions départementales, en faisant valoir qu'une décision autoritaire ne pourrait que compromettre l'unification. Le souci de l'union s'exprime également à travers le retrait des deux présidents sortants, Raymond Belly et Romain Lavielle, au profit d'une personnalité incontestée : Marcel Le Grand, industriel, président de la Fédération des unions mutualistes de la Seine-Inférieure et de l'Eure. Il dirigera la nouvelle fédération jusqu'à son décès, en 1956.

L'assemblée générale de la FNMF, réunie le 30 septembre, les 1^er^ et 2 octobre 1943 à Paris, constate le succès rapide de la Fédération des caisses chirurgicales, dont les membres cotisants passent de 1 à 2 millions. Le rapport d'ouverture de Romain Lavielle est exclusivement consacré aux difficultés de l'activité quotidienne des groupements, s'agissant notamment des problèmes d'approvisionnement que supportent les cliniques, les pharmacies et les cabinets dentaires. Les relations avec le gouvernement de Vichy ne sont évoquées qu'au travers de questions techniques mineures, y compris le projet stagnant d'une nouvelle loi mutualiste. Aucune référence, fût-ce de façon allusive, n'est faite à la Charte du travail, promise à un si bel avenir l'année précédente. La Mutualité renoue avec le pragmatisme qui lui a permis de traverser les passages les plus critiques de sa longue histoire.

La Mutualité professionnelle, « corporative » comme on dit alors, est en pleine expansion. Le développement le plus marqué dans ce domaine est atteint dans la fonction publique. Le mutisme observé dans son rapport par le secrétaire général sur la progression de cette famille mutualiste trahit une réserve implicite qui ne tardera pas à devenir explicite. Le président

Heller, en revanche, se félicite de l'action entreprise par la direction de la Mutualité au ministère du Travail en faveur de la mutualisation des fonctionnaires, comme substitut à leur exclusion de l'assurance maladie depuis 1930. La proposition faite par le directeur, Lucien Guérard [177], au personnel de son ministère de constituer une mutuelle unifiée, en échange de la prise en charge de la moitié de la cotisation mutualiste et de l'établissement du précompte, fait rapidement tache d'huile dans les autres administrations. La montée en puissance de la Mutualité des fonctionnaires, dont les animateurs sont souvent proches du syndicalisme, représente l'un des signes annonciateurs de l'après-Vichy.

La réflexion sur la période écoulée est relativement brève à la Libération, tant il existe un large consensus pour considérer que la politique fédérale « du moindre mal » a préservé, sans compromission avec l'occupant, le patrimoine mutualiste. *« La Mutualité appliquant le proverbe qui veut que la fin justifie les moyens, a donc eu raison de composer pour sauver ses œuvres qui, sans elle, eussent infailliblement péri en nombre important. Elle recueille aujourd'hui le fruit de ses efforts* [178]. » Les enquêtes menées dans le cadre de l'ordonnance du 12 novembre 1944, relative à l'épuration des institutions mutualistes et d'assurances sociales, portent sur un nombre très réduit de responsables de sociétés de secours mutuels. L'analyse du passé suscite d'autant moins de griefs que les délégués de la première assemblée générale de l'après-guerre, réunie le 5 mai 1945, éprouvent une véritable angoisse existentielle pour l'avenir de leur mouvement, dans l'attente des textes fondateurs de la Sécurité sociale.

---

[177] Jean Bennet, *Biographies de personnalités mutualistes*, *op. cit.*, p. 406. Lucien Guérard sera aux cotés de Jack Senet pour créer, le 25 avril 1945, la future Fédération nationale des fonctionnaires et des agents de l'État (FNMFAE).

[178] *Rapport moral* de Romain Lavielle à l'assemblée générale du 4 mai 1945, cité par Jean Bennet, « La mutualité pendant la seconde Guerre mondiale », *op. cit.*, p. 78.

# Chapitre VI
# La complémentarité, du désarroi à la force complémentaire (1945-1967)

Le mouvement en faveur d'une couverture sociale généralisée à toute la population et aux principaux risques, chômage excepté, trouve des conditions exceptionnellement favorables dans la France de 1945. Les oppositions traditionnelles, patronales notamment, aux formes socialisées de protection sortent affaiblies du conflit. Les partisans d'une rénovation profonde du système des Assurances sociales sont portés par un élan planétaire en faveur de la Sécurité sociale. Le plan élaboré pendant la guerre en Grande-Bretagne, sous la direction de William Beveridge, en vue d'*« abolir l'état de besoin, en assurant à tout citoyen, prêt à servir selon ses moyens, un revenu suffisant à tout moment, pour satisfaire ses charges »,* est devenu la référence universelle. Le général de Gaulle, convaincu que la reconstruction du pays est directement liée à la résolution de la question sociale, souhaite promouvoir des réformes rapides et majeures.

Alexandre Parodi, proche du chef de la France libre, nommé ministre du Travail et de la Sécurité sociale le 9 septembre 1944, demande immédiatement à son collègue et ami du Conseil d'État Pierre Laroque de prendre la direction des Assurances sociales. *« J'ai accepté à la condition que cela soit pour réaliser un plan français de Sécurité sociale dans l'esprit des indications du Conseil national de la Résistance*[179]*. »* Le CNR a, en effet, publié six mois auparavant un programme dans lequel figure la proposition inédite d'instituer un droit à la sécurité sociale. Pierre Laroque, qui a été directeur de cabinet du ministre du Travail en 1931, pour la mise en place des Assurances sociales, possède la compétence et l'énergie pour entreprendre la réforme majeure de l'histoire sociale du pays. Tirant les leçons de l'expérience précédente, il met l'accent sur la nécessité de considérer le futur système comme un tout, tant par sa finalité –la solidarité nationale – que par ses moyens : une organisation qui regroupe l'ensemble des régimes et des institutions dans un système général. Tout en empruntant la notion d'effort social unifié à l'expérience britannique de William Beveridge, il s'engage à réaliser un plan adapté aux traditions françaises, en mettant l'accent sur le principe de la gestion par les intéressés. Cohésion et démocratie sociales dessinent les horizons d'un paysage déconcertant, à bien des égards, pour les mutualistes.

## « Le grand dérangement »

Le comité exécutif du 7 mars 1945 enregistre la démission de Gustave Bonvoisin et la cooptation de Gaston Tessier. Signe des temps, un dirigeant du grand patronat s'en va, le secrétaire de la CFTC, dirigeant des caisses familiales, député de l'Assemblée consultative provisoire, arrive. Ce dernier va assumer la tâche ardue de porte-parole de la Mutualité auprès des pouvoirs publics, dans la phase législative de l'élaboration de la Sécurité sociale. La première assemblée générale de la FNMF de l'après-guerre se tient le

[179] Entretien avec l'auteur, 2 mars 1981, in *Mutualité/Sécurité sociale, le rendez-vous manqué de 1945*, thèse de doctorat de l'université du Maine, Le Mans, 1983, p. 363.

5 mai 1945, quelques semaines avant la mise en débat public du projet rédigé par l'administration. Les responsables mutualistes ont été informés par Pierre Laroque de l'état d'avancement des travaux, en prévision de cette réunion.

L'assemblée s'ouvre sur une analyse de la dimension planétaire du problème, afin de permettre aux délégués de s'affranchir d'une inspiration trop hexagonale. L'appel en faveur de la Sécurité sociale lancé à la Conférence internationale du travail par les représentants de 41 pays, réunis à Philadelphie en mai 1944, constitue l'un des signes tangibles de ce caractère universel. On demeure néanmoins sur ses gardes, face aux modèles étrangers. Le rapporteur, Georges de Lagarde [180], considère que le plan Beveridge, référence internationale incontournable, est surévalué et absolument contraire aux traditions françaises, dans la mesure où il *« s'oriente vers une organisation purement étatique de la prévoyance et vers la suppression de tout concours des institutions privées à la prévoyance sociale* [181] *».*

Toutefois, le directeur général, Marc Degas, redoute que les objections mutualistes soient interprétées comme *« l'expression de la défense d'intérêts particuliers* [182] *».* Il exhorte les délégués à prendre une attitude positive. La requête a peu de chances d'être entendue, tant le principe officiel d'unicité heurte l'aspiration mutualiste au libre choix et à l'autonomie des caisses. Tout en se prononçant pour l'amélioration du système existant, la résolution finale

---

[180] Cf. Jean Bennet, *Biographies de personnalités mutualistes, op. cit.*, p. 255. Georges de Lagarde, à la différence de Gustave Bonvoisin, dirigeant de la politique sociale du patronat des années 1930-1940, s'affirme autant comme un expert de l'assurance sociale, exceptionnellement compétent, que comme le représentant des milieux patronaux. Il est notamment l'un des fondateurs de la première grande institution de prévoyance, en 1937, la Caisse interprofessionnelle des cadres (CIPC). Conseiller technique du CNPF, il joue un rôle déterminant dans l'accord du 14 mai 1947 instituant l'Association générale des institutions de retraites des cadres (AGIRC). On lui doit l'ingénieux système de points inscrits au compte individuel de chaque cotisant, qui a rendu possible la réalisation du régime complémentaire de retraite par répartition, formule appliquée ensuite aux salariés non cadres par l'accord du 8 décembre 1961. Georges de Lagarde entre au comité exécutif de la FNMF le 10 mai 1946.

[181] *Compte rendu des réunions communes*, FNMF, Union nationale des caisses mutualistes d'assurances sociales, 5 mai 1945, p. 12.

[182] *Ibidem*, p. 27.

s'oppose non seulement à la caisse unique, *« caisse étatique »* en puissance, mais elle affirme surtout *« qu'en aucun cas une telle institution ne doit porter atteinte à l'esprit d'initiative privée, ni altérer les solides qualités d'épargne du peuple français et qu'en conséquence elle ne saurait assujettir obligatoirement que ceux qu'on a appelés les "économiquement faibles"*[183] *»*. L'analyse mutualiste rejoint là l'objection dominante émise par les couches moyennes sur les effets antiéconomiques supposés d'une socialisation généralisée de la protection.

Une commission spéciale, représentant l'ensemble des parties concernées et composée de 32 membres, dont le président de la FNMF, est constituée le 9 juin 1945, sur la proposition de Pierre Laroque. Au cours des sept réunions consacrées à l'examen du plan élaboré par l'administration, Léon Heller s'attache principalement à préserver la pluralité des caisses, *« parce que cette solution est la seule qui maintienne sa raison d'être à la Mutualité*[184] *»*. Tout en rendant un hommage vibrant à sa contribution passée, Pierre Laroque considère qu'elle n'est pas en mesure de répondre au principe fondamental de la gestion par les assurés. Le 21 juin, il relève devant la commission spéciale que les dirigeants mutualistes des anciennes caisses d'Assurances sociales, membres de professions indépendantes et de l'encadrement dans leur très grande majorité, n'étaient pas des assurés sociaux. Avec le recul, il estimera que *« la formule mutualiste aboutissait à une nouvelle forme de paternalisme, un paternalisme mutualiste substitué à un paternalisme patronal*[185] *»*.

---

[183] *Ibidem*, p. 46.
[184] *Rapport Motin, auditeur au Conseil d'État, rapporteur général relatif aux travaux de la commission chargée d'étudier le projet d'ordonnance relatif à l'organisation de la Sécurité sociale*, 1945, archives de l'Association pour l'étude de l'histoire de la Sécurité sociale, p. 11.
[185] Entretien avec l'auteur, 2 mars 1981, in *Mutualité/Sécurité sociale, le rendez-vous manqué de 1945*, *op. cit.*, p. 358.

## Des réactions contrastées

Les dés sont jetés. Le plan français de Sécurité sociale, dont l'une des conséquences importantes est *« la relève de la mutualité par le syndicalisme »,* selon l'expression d'Alexandre Parodi, est publié par ordonnance le 4 octobre 1945, après avoir reçu un très large soutien à l'Assemblée consultative provisoire. Le ressentiment éprouvé par les instances dirigeantes du mouvement est d'autant plus vif que le nouveau régime social s'inspire officiellement du modèle mutualiste. Le secrétaire général s'affirme comme son porte-parole : *« La Mutualité est aujourd'hui atteinte, amoindrie dans presque toute son action et profondément bouleversée dans son avenir* [186]*. »* Lassitude, après vingt années d'une responsabilité absorbante ou conscience d'être en porte-à-faux dans le cours des réformes, Romain Lavielle exprime la volonté « formelle » de ne pas voir renouvelé son mandat de secrétaire général. L'intéressé accepte toutefois, sur l'insistance de Léon Heller, le poste de vice-président délégué.

En dépit de ses objections, le président de la FNMF plaide en faveur d'une politique de présence au sein du nouveau système, alors que Gaston Tessier craint que cette bonne volonté *« ne soit pas heureuse, car la minorité aura à supporter la responsabilité engagée par une majorité incompétente* [187] *».* Le directeur général, Marc Degas, est le premier à mettre en valeur les possibilités nouvelles qu'offre le nouveau statut de la Mutualité, institué par l'ordonnance du 19 octobre 1945. Eugène André incite les mutualistes non seulement à surmonter leurs mouvements d'humeur, mais *« à faciliter la transition* [188] *».* Le dirigeant lyonnais va même

[186] Rapport de Romain Lavielle à l'assemblée générale de la FNMF, 10 mai 1946, p. 2.
[187] Comité exécutif du 10 décembre 1945.
[188] Comité exécutif du 22 mars 1946.

jusqu'à considérer l'exigence d'un retour aux caisses d'affinité comme une grave erreur, provoquant la protestation de Romain Lavielle [189]. Paul Aubry, pour sa part, estime que la mise à l'écart va enfin permettre aux administrateurs de se consacrer entièrement à la Mutualité [190].

L'attitude constructive la plus déterminée est à mettre au compte des fonctionnaires. Le postier Jack Senet, qui vient de regrouper les mutuelles de la fonction publique et de sa propre administration, déclare à l'assemblée générale de la MGPTT, en 1946 : *« On arrive à cette conclusion que la Sécurité sociale doit être obligatoire et que nous autres, mêmes fervents mutualistes de toujours, nous réclamons cette obligation pour le bien de tous [191]... »* L'adoption d'une cotisation par famille, calculée en pourcentage du traitement, constitue l'autre jalon capital de la « révolution » tranquille qu'amorcent alors les mutuelles de la fonction publique. Le ministre du Travail, le communiste Ambroise Croizat, les donne en modèle : *« Seules, par leur structure et leur esprit, elles correspondent à ce que l'on peut attendre de la mutualité : le temps des petites cotisations étant désormais révolu, elles doivent voir grand, élargir sans cesse leur champ d'action. »*

La situation matérielle délicate de la Fédération, provoquée par le transfert des responsabilités gestionnaires vers les caisses de Sécurité sociale, commande à l'évidence un effort exceptionnel d'adaptation. Le budget du personnel se trouve amputé de 90 % de ses ressources. L'effectif fédéral passe de 133 personnes en 1946 à 13 l'année suivante, à la suite de l'intégration des salariés fédéraux aux nouvelles institutions sociales. Hommage est rendu à quelques agents, dont Jean Bennet, qui, pressenti pour une responsabilité

---

[189] Comité exécutif du 20 janvier 1947.

[190] Comité exécutif du 9 octobre 1946.

[191] Cité par Gilles Heuré, *Histoire de la mutuelle générale des PTT*, t. 2, Mutualité française, coll. « Racines mutualistes », 1995, p. 46.

importante dans la Sécurité sociale, préfère demeurer à la Fédération pour y assumer la fonction de *« ministre de l'Intérieur*[192] *»* d'une modeste communauté, réduite à ses biens propres. Paul Aubry, récemment nommé secrétaire général adjoint, *« estime qu'il est indispensable que la Fédération soit puissamment outillée*[193] *»*.

Or le siège fédéral est en péril, comme celui de nombreuses unions départementales, dont l'existence administrative dépendait de la gestion des caisses d'Assurances sociales. La décision de transférer l'immeuble du boulevard Malesherbes dans le patrimoine de la caisse régionale vieillesse provoque un vif émoi. Finalement, les appels à la mobilisation interne lancés par le président Heller pour la sauvegarde du siège et le dégel des relations entre la Mutualité et le syndicalisme, promu aux responsabilités gestionnaires, permettront à la Fédération de préserver un statut de locataire, à défaut de conserver celui de propriétaire.

## La renaissance à Aix-les-Bains

Les angoisses existentielles sont loin d'avoir disparu au début de l'année 1947. L'allégation officielle selon laquelle le ticket modérateur ne serait qu'une mesure temporaire, appliquée pendant les quatre ou cinq années nécessaires à la mise en place d'une prise en charge complète du risque maladie, constitue une épée de Damoclès, en dépit de son caractère utopique. Cependant, des signes annonciateurs d'éclaircies apparaissent. Les premières brèches dans l'alliance gouvernementale entre MRP, socialistes et communistes laissent présager, sous la pression des « non-non[194] », un certain déclin de l'« obligationnisme » intégral.

[192] Marc Degas, « Rétrospectives fédérales », *Revue de la Mutualité,* 1963, p. 32.
[193] Comité exécutif du 9 octobre 1946.
[194] Terminologie en usage désignant les non-salariés et non-agricoles, soit les commerçants, les artisans et les professions libérales.

La FNMF sollicite alors l'appui du député radical nantais André Morice, pour qu'il dépose une proposition de loi assurant une participation effective de la Mutualité à la gestion de la Sécurité sociale.

Le texte, présenté à la Fédération nationale des organismes de Sécurité sociale (FNOSS), alors dirigée par Henri Raynaud de la CGT, débouche sur un accord, le 25 février 1947, qui devient deux jours plus tard la fameuse loi Morice. Les sociétés obtiennent le droit de constituer des sections locales de Sécurité sociale. Ce droit restera pour l'essentiel lettre morte. Seules les mutuelles de fonctionnaires obtiennent cette fonction délégataire, mais dans un cadre législatif différent, celui de la loi du 9 avril 1947. La Mutualité enregistre toutefois une satisfaction de choix : la suppression de l'article 39, qui offrait au régime légal la possibilité de délivrer des prestations supplémentaires. Dès lors, est réservé *« à la mutualité le champ de la prévoyance libre* [195] *»*. Cette franche victoire est mise en exergue dans le premier numéro du *Bulletin trimestriel de la FNMF*, publié peu après.

Le XIX^e^ congrès national, réuni à Aix-les-Bains du 18 au 23 mai 1948, après une interruption de neuf années, la plus longue de l'histoire mutualiste, semble pouvoir sonner le réveil des énergies, à la condition de se tourner résolument vers l'avenir. Or Romain Lavielle, désigné comme rapporteur général, s'en tient à la conception classique d'une Sécurité sociale circonscrite aux « économiquement faibles ». La majorité des membres du comité exécutif ne partage pas cette vision restrictive [196]. Paul Aubry se refuse à discriminer les assurés. Jack Senet considère la généralisation de la Sécurité sociale non seulement *« comme intangible »*, mais constate que les effectifs mutualistes ont repris leur marche en avant, dans le sillage du régime obligatoire.

---

[195] André Morice, *Journal officiel des débats*, séance du 27 février 1947, p. 505.

[196] Comité exécutif du 13 mars 1948.

Le doute est cependant loin d'avoir disparu lorsque débutent les travaux du congrès. La question préalable posée par Romain Lavielle : *« La Mutualité a-t-elle encore un avenir*[197] *? »* témoigne de la persistance de l'incertitude. La perspective d'un renouveau mutualiste repose, selon l'orateur, sur l'incapacité prévisible de la Sécurité sociale d'atteindre ses objectifs surdimensionnés. Autre motif d'espoir, positif celui-là, le nouveau statut de la Mutualité ouvre des *"horizons quasi illimités"*. Finalement, la réflexion collective du comité exécutif a permis d'infléchir l'expression publique du rapporteur sur la relation Mutualité/Sécurité sociale. Dans l'allocution de clôture, non seulement il reprend à son compte la renonciation aux caisses d'affinité, exigée par les délégués, mais il va plus loin en pointant les dérives que le système affinitaire a entraînées : *« La Mutualité ne reconnaît pas pour siennes, les créations soi-disant mutualistes camouflant en réalité certaines tendances patronales, confessionnelles ou politiques*[198]*. »*

Si le congrès d'Aix-les-Bains n'a pas levé toutes les ambiguïtés, il ranime la confiance. L'antinomie supposée entre prévoyances volontaire et obligatoire est contredite par les faits. Les effectifs sont en hausse constante et l'avoir des sociétés mutualistes a été multiplié par trois entre 1945 et 1949. Quant aux familles mutualistes nouvelles qui s'affirment comme forces de rénovation, les mutuelles de fonctionnaires, les mutuelles d'entreprise et les caisses chirurgicales mutualistes, le congrès a favorisé leur légitimation. Quelques réticences ne sont pas passées inaperçues, cependant, à l'encontre notamment des fonctionnaires. Le rapporteur général a refroidi leur enthousiasme par une mise en garde sur les conséquences de

---

[197] *Compte rendu du XIX^e congrès national de la Mutualité française (20-23 mai 1948, Aix-les-Bains-Annecy)*, p. 5.

[198] *Ibidem*, p. 76.

la contradiction prévisible entre les effectifs considérables de ces groupements et la recommandation du congrès en faveur d'une taille raisonnable des sociétés de base. Les mutuelles d'entreprise ont également reçu un accueil « *mitigé* [199] », en raison du risque que leur relation statutaire avec le comité d'entreprise fait peser sur le principe de neutralité.

**Le choix de la modernisation**

La légitimité des sociétés de fonctionnaires est à nouveau sur la sellette, lors de l'élection d'un nouveau président, après la démission de Léon Heller. Celui-ci a invoqué des raisons de santé et surtout son « *grand âge* [200] » : il a 83 ans. Jack Senet, qui assure la présidence du comité exécutif, récuse par principe toute candidature extérieure à la Mutualité. Plusieurs membres du comité font immédiatement connaître un point de vue analogue. Romain Lavielle « *déclare qu'il avait effectivement pensé à pressentir le ministre M. André Morice* [201] », mais qu'il a renoncé à cette idée après avoir consulté ses collègues de la Fédération mutualiste de la Seine (FMS).

Pour Eugène André, le choix d'un « *président spécifiquement mutualiste* » n'est pas une condition suffisante. Il faut un candidat représentatif de l'ensemble de la Mutualité, ce qui paraît incompatible avec la désignation d'un représentant « *d'une organisation particulière* », en l'occurrence la Mutualité des fonctionnaires. Le comité renvoie la décision au conseil d'administration, non sans que des voix s'élèvent, notamment celle d'Arnaud Duben, contre toute idée d'exclusive.

[199] Thierry Laurent, *La Mutualité et le monde du travail,* Coopérative d'information et d'édition mutualiste, 1973, p. 57.
[200] Lettre lue au comité exécutif du 20 octobre 1950, réuni pour préparer le remplacement du président. Léon Heller décède peu après, le 3 décembre 1950.
[201] Comité exécutif, 20 octobre 1950.

Eugène André souligne à nouveau, devant le conseil d'administration, la nécessité de mettre à la tête du mouvement un président issu de la province, représentatif de l'action mutualiste générale, et par conséquent sans liens avec une organisation particulière. Romain Lavielle, considérant cet ostracisme d'autant plus inacceptable que Jack Senet a été élu à la tête de la liste mutualiste aux élections des administrateurs de la Sécurité sociale le 8 juin 1950, présente celui-ci comme le candidat officiel de la FMS. L'argument en faveur d'une distinction entre mutualistes, fondée sur l'origine ou la profession, s'avère néfaste pour Eugène André. L'assemblée générale élit finalement, le 17 novembre 1950, Jack Senet président de la Mutualité française, par 53 % des suffrages, contre 26 % à Eugène André et 11 % au vice-président de la FMS, Victor Bernard, qui n'était pas candidat. L'arrivée d'un fonctionnaire à la présidence semble indiquer que la modernisation prend le pas sur la tradition.

Le temps du repli est passé, celui du renouveau s'ébauche. Les effectifs de la Fédération s'élèvent de 14 à 30 salariés, en 1950. Mais le gage principal d'une vitalité mutualiste retrouvée réside, encore et toujours, dans sa capacité d'établir une relation dynamique avec le système obligatoire. Le XX^e^ congrès national, réuni à Vichy en mai 1951, s'efforce d'en créer les conditions, malgré la persistance d'une nostalgie « affinitaire ». Nouveau secrétaire général depuis deux ans, Paul Aubry aborde la question avec lucidité et humour, en suggérant : *« Nous avons mieux à faire que de jouer auprès de la Sécurité sociale le rôle d'un soupirant éconduit et quelque peu ridicule. »* La rancœur, mauvaise conseillère, ne peut conduire qu'au conflit. Or, assure-t-il, *« l'on ne réussira pas à nous entraîner dans cette voie* [202] *»*. La coopération entre les deux partenaires s'affirme

[202] Paul Aubry, *Compte rendu du 20^e^ congrès de la Mutualité française (Vichy-Clemont-Ferrand, 10-13 mai 1951)*, p. 15.

comme la seule issue, car *« en défendant la position de la Sécurité sociale sur certains points, on défend également celle de la Mutualité*[203] *»*.

La FNMF fête son cinquantenaire le 22 novembre 1952, à la Maison de la Mutualité, à Paris, en présence de 600 délégués représentant les principaux groupements mutualistes. La restitution des principales étapes du développement de la Fédération depuis un demi-siècle, par Paul Aubry, fait apparaître en filigrane les lignes de force d'un fédéralisme singulier, permettant de rassembler les organismes dans la diversité de leur affiliation horizontale ou verticale, sans renoncer à leur autonomie. Seule une dynamique unitaire, librement exprimée, a permis de surmonter la secousse provoquée par la réforme de la Sécurité sociale. Témoignage symbolique, l'augmentation de la cotisation fédérale de 3 à 6 francs ouvre la perspective de la reconstruction d'une organisation fédérale *« rationnelle et efficace*[204] *»*. La vraie richesse du mouvement réside finalement dans la souplesse d'une formule qui favorise son adaptation aux mutations incessantes de la vie.

Les années 1950 sont marquées par un retour croissant de la confiance en soi. L'inamovible ministre du Travail, ancien militant de la Jeunesse ouvrière chrétienne (JOC), le MRP Paul Bacon, publie le 5 août 1955 un Code de la Mutualité, résultant des différents textes législatifs adoptés depuis la Libération. Les ambitions de la Mutualité dans le domaine sanitaire se heurtent de nouveau à la résistance des professions de santé. Les pharmacies demeurent le point sensible de la confrontation, malgré une disproportion flagrante des forces en présence : 51 pharmacies mutualistes contre 13 000 officines privées.

---

[203] Jack Senet, comité exécutif du 10 octobre 1952, p. 17.
[204] *Bulletin trimestriel de la FNMF*, n° 24, décembre 1952, allocution de Paul Aubry sur l'historique de la Fédération, p. 39-46.

## Une convergence conflictuelle

Le simple fait, pour la Mutualité, d'affirmer sa liberté de création, sans pour autant prétendre à l'ouverture systématique d'officines, fait figure de *casus belli.* Les organisations professionnelles médicales, Conseil de l'ordre en tête, mènent une véritable guérilla juridique contre le libre exercice des praticiens dans les établissements mutualistes, en dépit d'arrêts du Conseil d'État. L'affaire Teyssier s'affirme exemplaire de ce point de vue. Le Conseil départemental de l'ordre des médecins de l'Hérault avait suspendu, le 29 octobre 1942, le docteur Teyssier pour s'être engagé à assurer le service d'ophtalmologie de la clinique mutualiste, au motif qu'il s'agissait d'une convention *« contraire au principe du libre-choix et à la dignité de la profession médicale* [205] *».*

Sur la demande insistante et répétée de la FNMF et l'entremise de Pierre Laroque, le Conseil d'État annule cette mesure discriminatoire le 16 mai 1947, en affirmant que *« l'organisation de services sanitaires mutualistes, loin de violer le principe du libre choix, n'en constitue qu'une modalité [...] Le principe mutualiste apparaît, en fait, comme un élément utile au développement de la médecine sociale* [206] *».* Faisant fi de la jurisprudence de l'arrêt Teyssier, les conseils de l'ordre prononcent de nouvelles mises à l'index à l'égard de praticiens opérant dans les cliniques mutualistes, au cours des années suivantes. La Fédération mutualiste de la Seine se trouve dans l'obligation de riposter aux sanctions prises contre plusieurs chirurgiens pratiquant dans ses cliniques. Elle organise, le 26 mars 1952, une réunion contradictoire à la Maison de la Mutualité, consacrée au

[205] Arrêt du Conseil d'État du 16 mai 1947, annulant la décision du 29 octobre 1942 du Conseil supérieur de l'ordre des médecins.

[206] Baptiste Fourcade, président de l'Union de l'Hérault, remercie Pierre Laroque d'avoir contribué à cette *« heureuse conclusion »*, dans une lettre du 20 mai 1947.

*« grand problème de l'heure : l'Ordre des médecins et les institutions sociales ».* Romain Lavielle presse les pouvoirs publics de remettre « *les choses en ordre* [207] ». Mutualité et professions de santé ne parviennent pas à surmonter, depuis plus d'un siècle, les contradictions de leur relation établie sur une convergence conflictuelle.

La nécessité de règles garantissant les droits des assurés semble trouver une réponse quelque temps après avec le « projet Gazier[208] ». Cette tentative de régulation reçoit le soutien du XXIIe congrès national, réuni à Nice en juin 1957. Mais l'énergie réformatrice a manqué au gouvernement de « Front républicain », dirigé par le socialiste Guy Mollet. Clément Michel, directeur de la FNOSS et coauteur du projet, estime que l'échec de la réforme est à mettre au compte d'un défaut de courage politique. *« Le projet Gazier n'a pas débouché parce qu'une partie du gouvernement Guy Mollet ne voulait pas imposer quelque chose au corps médical* [209]. *»* Dans un tel environnement, le thème du XXIIe congrès, *« La Mutualité dans la vie contemporaine »,* confirme que l'approche médicale traditionnelle doit s'élargir à une défense sociale tout entière, comme l'avait préconisé dans les années 1920 le secrétaire général de la FNMF Aristide-Victor Thiriet.

Une action mutualiste de cette envergure commande deux mutations importantes : d'une part, engager une coopération avec les partenaires naturels du mouvement social et, de l'autre, affermir le rôle de la Fédération, perçue trop souvent comme une confédération de fait. Si la réalisation d'alliances stables attendra encore une décennie, le renforcement de l'autorité fédérale ne tarde pas à s'affirmer. Peu après le

---

[207] *Le Monde,*5 février 1952.

[208] Albert Gazier, ministre socialiste des Affaires sociales, a tenté d'élaborer un projet visant à imposer des règles conventionnelles, en vue de rendre effectif le remboursement à 80 % des actes médicaux, prévu par l'ordonnance du 4 octobre 1945. On doit à Albert Gazier l'institution de la 3e semaine de congés payés.

[209] Clément Michel, Archives orales de la Sécurité sociale, 4e phase, 21 novembre 1975.

congrès de Nice, la Fédération nationale des caisses chirurgicales mutuelles (FNCCM) met à l'ordre du jour de son assemblée générale la modification de sa dénomination. En devenant Union nationale des caisses chirurgicales mutualistes (UNCCM), elle entend resserrer ses liens avec la Fédération nationale par l'adoption d'un statut d'union technique, sans pour autant renoncer à son autonomie administrative. La décision n'a pas été facile à prendre, comme l'indique le résultat du vote : 266 oui pour 131 non, soit une voix de plus que la majorité requise des deux tiers. Aux délégués qui font remarquer qu'ils ne sont pas les seuls à posséder le titre de fédération, le secrétaire général, Georges de Lagarde, répond : *« Puisqu'il s'agit de donner l'exemple, donnons-le, les autres suivront*[210]. »

## La V^e^ République

Minée par une instabilité gouvernementale chronique et par près de quatre années de guerre en Algérie, la IV^e^ République s'effondre en mai 1958. L'avènement de la V^e^ République, après le vote d'une nouvelle constitution par référendum, ouvre la voie à des transformations profondes dans la relation de l'État avec la société. L'affirmation de la prépondérance de l'exécutif est lourde de conséquences pour le champ sanitaire et social. Mais la FNMF, conformément à son engagement neutraliste, n'exprime aucune position officielle sur le changement de régime. Seul Romain Lavielle se réjouit publiquement d'une évolution devant favoriser le *« redressement*[211] » du pays. André Borveau, en revanche, se souvient avoir répondu non au référendum constitutionnel, par

[210] *Bulletin de l'Union nationale des caisses chirurgicales mutualistes*, n° 43, octobre-décembre 1957, p. 26.
[211] *Le Mutualiste de la Seine*, n° 163, février-mars 1959.

défiance à l'égard d'un *« régime présidentiel qui n'était pas fait pour la France*[212] *»*.

Certaines décisions, telles la réforme hospitalo-universitaire réalisée sous l'autorité du professeur Robert Debré ou la création d'un régime d'assurance chômage, sont accueillies favorablement par la communauté mutualiste. Mais les mesures de « remise en ordre » visant le domaine de l'assurance maladie ne peuvent entraîner la même adhésion. L'instauration d'une franchise de 3 000 francs[213] par semestre applicable aux remboursements de médicaments et l'augmentation du ticket modérateur pour diverses prestations suscitent une forte émotion. Après un long débat, le comité exécutif du 15 janvier 1959, tout en s'affirmant soucieux de ne pas paraître prendre le contre-pied systématique de mesures présentées comme une sauvegarde de l'intérêt général, manifeste son inquiétude quant aux décisions qui vont pénaliser *« les foyers modestes »*, en réduisant la couverture du petit risque.

La Mutualité se trouve dans une position délicate face à des adhérents à la fois mécontents des mesures prises et désireux de préserver coûte que coûte leur couverture sociale. La Fédération s'efforce de trouver un « juste milieu » en recommandant aux sociétés de ne prendre en charge qu'une partie du découvert de la protection légale, notamment sur le plan pharmaceutique. Mais les ordonnances gouvernementales provoquent un mécontentement tel, qu'il s'exprime *« avec une violence de ton rarement atteinte*[214] *»*. Les pouvoirs publics abrogent sagement les dispositions contestées, au printemps 1960.

Malgré cet apaisement final, l'épisode de la franchise de 3 000 francs a des conséquences négatives pour l'unité du

---

[212] André Borveau, *Mes Mémoires*, *op. cit.*, p. 3.
[213] Correspondant à environ 10 % du SMIC actuel.
[214] *La Sécurité sociale. Son Histoire à travers les textes*, t. 3 *(1945-1981)*, sous la direction d'Alain Barjot, Association pour l'étude de l'histoire de la Sécurité sociale, 1988, p. 344.

mouvement mutualiste. La CGT, qui hésitait depuis dix ans à mettre en œuvre une résolution de congrès préconisant la formation d'une seconde fédération, franchit le pas, en alléguant le défaut de réactivité de la FNMF face aux ordonnances gouvernementales. La création de la Fédération nationale des mutuelles ouvrières (FNMO) ne peut être considérée pour autant comme une initiative purement confédérale. L'impulsion initiale résulte d'un appel émis, au printemps 1960, par des mutuelles d'obédience syndicale implantées en Île-de-France, dans les régions méditerranéenne et rhônalpine. Désireuse de contrôler l'opération, la Confédération générale du travail délègue son porte-parole sur les questions de Sécurité sociale, Henri Raynaud, à la présidence de la FNMO. Celui-ci fait immédiatement savoir, notamment aux syndiqués membres des mutuelles de la fonction publique : *« Nous ne demandons pas à nos amis de quitter la Fédération nationale de la Mutualité française* [215]. *»*

Si la relative prudence confédérale préserve les possibilités encore lointaines de retrouvailles, la FNMF se voit disputer, pour la première fois depuis 1902, le titre de représentant exclusif du mouvement mutualiste. La Fédération nationale refuse la moindre caution à cette entreprise considérée comme schismatique. Une invitation de la FNMO pour la défense des dispensaires se voit opposer une fin de non-recevoir de la FNMF, au motif qu'elle n'a pas *« à tenir une réunion commune avec un organisme dont la création même est une manifestation de dissidence à son égard* [216] *»*.

Quoi qu'il en soit, le XXIII^e congrès national, réuni à La Baule en juin 1960, affiche la volonté de la Mutualité de s'adapter aux mutations rapides d'une société française développant les taux de croissance parmi les plus élevés de la planète. Les « Trente Glorieuses » atteignent leur apogée. Le

[215] *L'Opinion de la mutualité ouvrière*, n° 1, novembre 1960.
[216] Comité exécutif, 16 décembre 1960.

dynamisme économique doit marcher du même pas que *« le perfectionnement de la protection sociale »,* thème retenu pour le congrès. Le choix de la coopération avec le régime obligatoire est devenu irréversible. *« Aujourd'hui, il n'est plus question de conflit, mais d'une collaboration, confiante, non seulement dans le domaine des prestations, mais également dans celui des réalisations sociales* [217] *»,* souligne Paul Aubry dans son rapport introductif.

Les mutualistes sont d'autant plus enclins à normaliser leurs relations avec le régime légal que le mois précédent, Paul Bacon a transformé l'essai tenté par Albert Gazier. L'efficace ministre du Travail impose au corps médical, avec le soutien de la FNOSS, un dispositif assurant le remboursement réel des frais médicaux à 80 %. La grève administrative lancée par la Confédération des syndicats médicaux français (CSMF) contre le *« diktat Bacon »* ayant échoué, les médecins devront adhérer progressivement au système des conventions. La volonté rénovatrice exprimée à La Baule prend corps dans les travaux d'une « commission spéciale d'études », constituée par la Fédération nationale. Ses résultats, publiés en juin 1961, marquent une inflexion sensible de la doctrine mutualiste dans l'analyse des facteurs de risque. Cantonnée auparavant aux aspects individuels et médicaux, l'action mutualiste entend se préoccuper désormais de toutes les données de l'environnement social et économique qui agissent sur la santé des individus.

## Prémices d'un *aggiornamento*

Après la fin de la guerre d'Algérie, la France connaît, en 1963, sa première année sans conflit militaire depuis un quart de siècle. L'année s'ouvre également sur une grande première

[217] *Compte rendu du XXIII^e^ congrès national de la Mutualité française (Nantes-La Baule, 2-6 juin 1960).*

pour la Fédération : elle dispose enfin en bien propre d'un siège fédéral conforme à ses responsabilités. Les locaux du boulevard Malesherbes sont devenus exigus à la fin des années 1950. La recherche d'un nouveau siège s'avère difficile dans un Paris saisi par la fièvre inflationniste de l'immobilier. Dès lors, cette prospection est *« à inscrire au compte des tâches exceptionnelles les plus lourdes de ces dernières années*[218] *»,* observe Marc Degas, directeur général des services fédéraux. Une piste est suivie avec soin, celle de l'opération Maine-Montparnasse, la Fédération espérant disposer de trois des dix-huit étages de la tour. La perspective d'investir dans un ensemble prestigieux séduit le conseil d'administration du 7 novembre 1959, qui vote le principe d'une option définitive, à l'unanimité moins deux voix et une abstention ; choix que confirme l'assemblée générale.

Paul Aubry, opposé à cette option, adresse immédiatement une lettre au président pour lui donner les motivations financières, juridiques, pratiques et peut-être surtout « identitaires » de son désaccord. *« Dans cette aventure, je considère que nous risquons de perdre notre âme »,* écrit-il. Membre de la commission chargée de suivre les opérations et affirmant vouloir s'en tenir strictement au rôle imparti par cette mission, le secrétaire général ne peut manquer de pointer les difficultés qui ont surgi dans l'évolution du dossier de la tour Montparnasse. La plus préoccupante concerne la perspective de devoir s'intégrer à un groupe financier de banques et de compagnies d'assurances depuis le retrait inopiné de la société d'économie mixte. Le projet est dans l'impasse, Jack Senet estimant que : *« La Fédération ne peut pas souscrire à une opération qui nécessiterait des rapports avec les banques et les compagnies d'assurances*[219]*. »* Le voisinage d'une « mutuelle

[218] *Revue de la Mutualité*, 1963, p. 39.
[219] Comité exécutif, 29 janvier 1960, p. 13.

d'assurances », imposé par l'affectation des emplacements, donne le coup de grâce au programme Maine-Montparnasse.

La solution alternative rapidement trouvée avec l'opération Desaix-Scott, dans le 15e arrondissement de Paris, semble à la fois garantir la satisfaction des besoins techniques de la Mutualité française et la nécessité pour elle de disposer d'un espace institutionnel autonome. L'acquisition est arrêtée le 29 avril 1961, au nom de la FNMF, de l'UNCCM et de la Caisse de prévoyance du personnel des organismes mutualistes. La surface utile disponible est triplée. Son financement est assuré par une cotisation supplémentaire de 5 anciens francs par an et par mutualiste. L'inauguration a lieu le 7 juin 1963, en présence du ministre du Travail, Gilbert Grandval.

Le temps n'est cependant pas aux festivités. Inquiet de la croissance des dépenses de santé, le gouvernement de Georges Pompidou a confié à son ministre du Travail le soin d'étudier l'évolution des charges de l'assurance maladie. Gilbert Grandval, grand résistant et « gaulliste de gauche », pointe immédiatement l'une des causes principales du déséquilibre : le tiers payant mutualiste. Le ministre, affirmant que l'activité des mutuelles constitue *« une incitation à la surconsommation médicale*[220] *»*, menace d'interdire à la Mutualité de faire l'avance du ticket modérateur. Les mutualistes, déterminés à défendre leurs droits, ne peuvent cacher leur stupéfaction. *« Jamais, en effet, même pendant les heures les plus sombres de l'occupation n'avaient été envisagées d'aussi sévères atteintes aux libertés mutualistes*[221]*. »*

La situation s'envenime, au point que la Mutualité est soupçonnée par le journal gaulliste *La Nation* de vouloir *« monter une machination contre le régime*[222] *»*. Événement

---

[220] Intervention télévisée de Gilbert Grandval, le 13 février 1964.

[221] *Revue de la Mutualité*, n° 32, 1964, p. 5.

[222] *Procès-verbal du comité exécutif*, 14 février 1964.

rarissime, le congrès national, réuni en mai 1964 à Bordeaux, se déroule sous le signe du bras de fer engagé avec le gouvernement. Le XXIVe congrès a été convoqué avec une année de retard, Montpellier, ville désignée initialement, n'ayant pas été en mesure de l'accueillir en 1963. Bordeaux constitue le seul congrès national de l'histoire mutualiste à s'être déroulé sans participation de représentants de l'État et de la haute administration ; le maire de Bordeaux, Jacques Chaban-Delmas, s'est lui-même fait excuser.

Le climat de mobilisation générale pour la défense des libertés mutualistes et la volonté de favoriser la parole des délégués – ils sont trois ou quatre fois plus nombreux à s'exprimer à la tribune – déclenchent *« un coup de tonnerre*[223] *»* inattendu : les mutuelles d'entreprise s'invitent à l'ordre du jour. Un délégué parisien s'élève, au nom de 33 sociétés réunissant plusieurs centaines de milliers de cotisants, contre le fait que la mutualité d'entreprise ne bénéficie pas d'une place conforme aux 25 % qu'elle représente dans le mouvement. Un délégué de l'entreprise, Merlin Gérin, de Grenoble, provoque quelques remous en affirmant que la *« mutualité de papa n'a plus place aujourd'hui*[224] *»*. L'idée de constituer un organisme national pour la coordination des sociétés d'entreprise est finalement retenue par le compte rendu du congrès.

## Le cap de « Bonne-Indépendance »

Le besoin de mutation se fait d'autant plus pressant que les tensions avec l'environnement politique et social s'accentuent. En juillet 1964, Gilbert Grandval confirme sa volonté de limiter le nombre et l'activité des pharmacies et des centres d'optique mutualistes. Le Conseil supérieur de la

---

[223] Thierry Laurent, *La Mutualité française et le monde du travail*, *op. cit.*, p. 60.
[224] *Revue de la Mutualité*, n° 34, spécial congrès, juin 1964, p. 39.

Mutualité rejette à l'unanimité, moins la voix du représentant de l'administration, toute atteinte aux droits du mouvement. La protestation administrative ayant montré sa limite, la contestation revêt des modalités inaccoutumées : délégations auprès des parlementaires, diffusion de tracts et d'affiches, manifestations dans plus de cinquante villes et, plus imprévue encore, tenue d'un meeting de protestation à l'initiative conjointe de la Fédération mutualiste de la Seine et de l'Union des mutuelles ouvrières de la région parisienne, auquel s'est joint l'ensemble des organisations syndicales et sociales. Le coup de grâce à l'entreprise ministérielle est donné par le Conseil d'État. Le ministre, contraint de sonner la retraite, exprime son souci de *« tirer un trait sur les difficultés passées*[225] *»*, devant une délégation officielle conduite par Jack Senet. L'expérience de la fermeté au service du droit ne sera pas perdue.

Un autre péril, jusqu'ici latent, se précise avec la signature, en septembre 1965, d'une convention collective entre la compagnie d'assurances Le Phénix, la Chambre syndicale nationale des fabricants de produits pharmaceutiques et l'ensemble des syndicats de salariés, réservant à la compagnie d'assurances l'exclusivité d'un régime complet de prévoyance pour cette branche professionnelle. Le danger est d'autant plus grand que la formule semble répondre aux vœux des organisations ouvrières et de leurs adhérents. L'événement confirme que l'avenir de la Mutualité se joue en grande partie dans les entreprises et souligne l'urgence d'un apurement des contentieux accumulés entre la Mutualité et les organisations ouvrières. Dans l'immédiat, l'assemblée générale du 23 avril 1966 décide, conformément aux recommandations du congrès de Bordeaux, de constituer un Comité national des sociétés

[225] Comité exécutif du 4 décembre 1964.

mutualistes d'entreprise, avec la perspective de créer le même organisme de liaison au niveau départemental.

Peu après l'assemblée générale, le président Senet, malade, suspend son activité. Il décède le 27 janvier 1967. Arnaud Duben, vice-président et président de l'Union départementale mutualiste de Gironde, qui a assuré l'intérim, lui succède le 15 avril. Son parcours atypique d'ouvrier typographe, militant syndicaliste de la Fédération des travailleurs du livre, l'impose comme l'homme de la situation, dans une période de mutation et de tension. Repenser l'organisation de la Mutualité et ses relations avec son environnement, tel est l'objectif que se fixe le nouveau président, à l'ouverture du XXV^e^ congrès national, réuni à Saint-Malo le 10 mai 1967. Le thème retenu, *« La Mutualité dans l'évolution sociale »,* témoigne d'une volonté nouvelle de s'inscrire dans cette relation dynamique. Outre la pression croissante des compagnies d'assurances sur la prévoyance collective complémentaire, *« l'importance prise par les mutuelles d'entreprises et l'impact idéologique des mutuelles ouvrières, devenues mutuelles de travailleurs, contribuent à une modification doctrinale* [226] *».*

Parler de « congrès historique », à propos de celui tenu dans la cité des corsaires, peut paraître emphatique et surtout injuste à l'égard des efforts antérieurs de mise à jour. Néanmoins, la substitution du principe actif d'indépendance à la notion ambiguë de neutralité marque un réel tournant. Trop longtemps les deux termes ont semblé synonymes, alors que le premier rend possible l'ouverture et le second conduit au repli sur soi. Si l'abandon du concept neutraliste n'apparaît qu'implicitement, l'option stratégique de l'indépendance constitue en revanche la poutre maîtresse du congrès. La nouveauté, c'est la possibilité reconnue d'associer le rejet

[226] Jean Benhamou et Aliette Levecque, *La Mutualité*, Presses universitaires de France, 1983, p. 36.

traditionnel de toutes *« allégeances extérieures »* et la volonté d'établir *« en tous domaines, les liaisons et collaborations nécessaires au développement de son action sociale*[227] *»*. Les organismes de Sécurité sociale et de prévoyance et les organisations syndicales sont au premier rang des alliances indispensables pour maintenir la protection sociale dans un rythme de progrès.

Certains choix ont un tranchant inhabituel. Parmi eux, le refus de prendre systématiquement le relais des désengagements du régime obligatoire et la mise en garde, pour la première fois dans un congrès, contre les surenchères des institutions d'assurance à but lucratif. Quant aux relations avec les pouvoirs publics, elles sont placées sous le signe de la plus extrême vigilance. Les projets d'ordonnances sur la Sécurité sociale apparaissent d'autant plus inquiétants que les congressistes de Saint-Malo ont décelé un brin de provocation dans le discours du ministre des Affaires sociales, Jean-Marcel Jeanneney : *« Vous demandez un examen en profondeur des problèmes que pose la Sécurité sociale, alors je peux vous dire d'avance que vous serez servis*[228]. *»*

De fait, les quatre ordonnances publiées au mois d'août 1967 s'avèrent totalement inacceptables pour les mutualistes. L'instauration du paritarisme et la suppression des élections aux caisses primaires les heurtent particulièrement. Il apparaît vite au comité exécutif que les ordonnances doivent être attaquées « en bloc », y compris pour tenter de préserver ce qui peut l'être. *« Il faut absolument prouver aux pouvoirs publics que la Mutualité ne se contentera pas du "baroud d'honneur" auquel M. Jeanneney semble croire que se limiteront ses réactions*[229] *»*, affirme Georges Optat, trésorier général de la Fédération. La

---

[227] Arnaud Duben, *Revue de la Mutualité*, n° 46, spécial congrès, p. 3.
[228] Jean-Marcel Jeanneney, *Revue de la Mutualité*, n° 46, spécial congrès, p. 107.
[229] Comité exécutif, 2 septembre 1967, p. 211.

coopération avec les autres familles du mouvement social franchit une nouvelle étape. En octobre, un meeting de protestation réunissant à la même tribune Édouard Brassier, membre du comité exécutif de la FNMF, et Roger Wynhant, président de la FNMO, confirme que la recomposition mutualiste souhaitée à Saint-Malo est engagée.

Les mesures gouvernementales portent atteinte aux libertés mutualistes sur de nombreux plans. L'une d'elles risque de l'affecter tout particulièrement : l'instauration d'un ticket modérateur dit « d'ordre public » (TMOP), visant à laisser obligatoirement à la charge des sociétaires une part des dépenses de santé, afin que s'exerce un hypothétique effet modérateur. Arnaud Duben mène de longues et âpres négociations pour obtenir la renonciation des pouvoirs publics à ce mécanisme antisolidaire par excellence. Il précise toutefois que *« cet engagement ne peut en aucun cas être interprété comme une acceptation tacite, ni totale, ni même partielle, des dispositions combattues »*. Le retrait provisoire du ticket modérateur d'ordre public marque l'avènement d'une nouvelle stratégie mutualiste, qui tend à convertir sa position complémentaire en dynamique sociale. Arnaud Duben, qui n'a pas ménagé ses forces dans cet engagement éprouvant, décède après une courte maladie, le 12 novembre 1968, au terme du plus bref des mandats présidentiels, mais probablement l'un des plus féconds.

# Chapitre VII
# S'adapter sans se renier (1968-2002)

En abordant le dernier tiers du parcours fédéral, on entre de plain-pied dans « l'histoire se faisant », selon l'expression de Charles Péguy. Le travail de l'historien court le risque de manquer *« de la distance et de la profondeur de l'éloignement historique*[230] *»*. La restitution convient malgré tout d'être menée à terme, car si l'insuffisance du recul tend à relativiser l'analyse, elle ne la rend pas moins nécessaire. Les polémiques incessantes que continuent de susciter les événements de 1968 montrent à quel point le temps n'a pas encore fait son œuvre de maturation. Carrefour de crises multiples, Mai 68 a peut-être été avant tout une crise des valeurs morales et culturelles. L'empreinte laissée sur le cours de la Mutualité française semble résulter davantage de ce versant que du caractère politique et social de l'événement.

Le mouvement revendicatif de 1968, le plus important de l'histoire du pays, ignore une fois de plus les questions de protection sanitaire et sociale, comme en 1936. Probablement faut-il rechercher les causes de cette carence persistante dans *« la relative indifférence*[231] *»* qu'éprouve le mouvement syndical depuis ses origines à l'égard des problèmes de santé. Seuls le gel du TMOP et le passage du ticket modérateur de

---

[230] Jacques Le Goff, *Histoire et mémoire*, Gallimard, 1988, p. 185.
[231] Madeleine Rebérioux, « Mouvement syndical et santé. France. 1880-1914 », *Prévenir*, n° 18, 1989, p. 16.

30 à 25 % figurent marginalement dans le relevé du « protocole de Grenelle ». La contestation ambiante de toutes les formes d'autorité favorise en revanche une approche critique des valeurs et des pratiques mutualistes, de cette *« mutualité de papa »* montrée du doigt par un délégué quatre années auparavant, lors du congrès de Bordeaux.

**L'ouverture consacrée**

La brutale disparition d'Arnaud Duben, à l'automne 1968, commande d'appeler à la barre un réformateur, à la fois souple et résolu, pour rendre irréversible la mutation engagée. Deux candidats sont en compétition : d'un côté, le secrétaire général depuis 1965, André Borveau, soutenu par la FNMFAE, organisme des mutuelles de fonctionnaires dont il est le vice-président ; de l'autre, Georges Optat, trésorier général, qui dispose de l'appui de l'Union nationale des caisses chirurgicales mutualistes et de son président Raymond Belly, *« en raison de ses convictions religieuses [...] et du préjugé favorable d'un grand nombre d'Unions de province, où il était connu depuis plus longtemps que moi* [232] *»*. Pour des motifs probablement opposés, Jean Amiel et la FMP [233] ont fait connaître leur soutien au secrétaire général. Georges Optat retire alors sa candidature. André Borveau est élu président par 313 voix contre 45 allant au trésorier général et 40 bulletins nuls, lors de l'assemblée générale du 15 février 1969.

Le projet de « nouvelle société » lancé par Jacques Chaban-Delmas le 16 septembre 1969, sous la présidence de Georges Pompidou, semble augurer une embellie dans les rapports de la Mutualité avec les pouvoirs publics. Événement

---

[232] André Borveau, *Mes Mémoires, op.cit,* 3e cahier, p. 40.

[233] Après le découpage de la Seine et de la Seine-et-Oise en sept départements, en 1964, la Fédération mutualiste de la Seine (FMS) est devenue la Fédération mutualiste interdépartementale de la région parisienne (FMP).

qui ne s'est pas produit depuis des décennies : deux pharmacies mutualistes vont s'ouvrir à Toulouse et au Havre et deux autres ont une perspective similaire à Brest et à Neuville-les-Dieppe, au printemps de 1970. Mais le nouveau président de la FNMF, fonctionnaire de la Caisse des dépôts et consignations, engagé dans l'action mutualiste depuis le début des années 1930, sait d'expérience que les rapports de force ne manquent pas d'influer sur ce type d'arbitrage. Il entend pousser les feux de la rénovation pour rendre le mouvement moins vulnérable aux revirements prévisibles de la puissance publique. Précaution d'autant plus avisée que la présidence d'André Borveau va s'avérer particulièrement conflictuelle avec l'autorité gouvernementale.

Un premier chantier s'ouvre rapidement sur les relations avec le syndicalisme, trop longtemps brouillées par une indifférence, voire une méfiance réciproques. Or, *« on n'aurait peut-être pas dû oublier, de part et d'autre, que l'histoire des deux mouvements a longtemps été très voisine et, parfois même, confondue* [234] *»*. Les effectifs mutualistes ne sont-ils pas majoritairement issus du milieu professionnel ? Cette analyse, publiée à la veille de l'ouverture du congrès national de Grenoble, vise à promouvoir une stratégie de large rassemblement contre la régression de la couverture légale et l'intrusion des institutions d'assurances dans un domaine contraire par essence à la notion de profit.

Le XXVI^e^ congrès approuve quasi unanimement cette démarche. Il souhaite la poursuite des conversations engagées pour définir des objectifs communs et *« les moyens d'action dans la loyauté réciproque respectée* [235] *»*. La première déclaration est paradoxalement signée avec la CGT, la confédération la plus influente, il est vrai. Des accords

[234] André Borveau, *Revue de la Mutualité*, n° 57, mai 1970, p. 2.
[235] *Revue de la Mutualité*, n° 58, spécial congrès, XVI^e^ congrès national, Grenoble, 28-31 mai 1970, résolution générale, p. 150.

similaires sont trouvés avec les autres centrales syndicales au cours des années suivantes, à l'exception de la Confédération générale des cadres (CGC), en raison de l'opposition des professionnels de l'assurance, membres de ce syndicat. L'unité du mouvement constitue l'autre volet de la stratégie mutualiste de défense. Dès son élection, André Borveau s'est fixé pour but de « *faire rentrer dans le giron de la Fédération nationale les "mutuelles de travailleurs"* [236] ».

Après une dizaine d'années d'existence, *« la Mutualité ouvrière a beaucoup évolué* [237] *»*, sous l'impulsion de sa composante marseillaise. La « déconfessionnalisation » des mutuelles phocéennes, après l'abandon du sigle CGT et le passage de la Mutualité ouvrière à la Mutualité des travailleurs, traduit une volonté explicite de favoriser l'union sous toutes ses formes. Les Bouches-du-Rhône constituent le laboratoire de pratiques mutualistes innovantes, sur le plan de la distribution des soins en relation avec l'activité de centres de santé intégrés. Le caractère principalement mutualiste de cette dynamique tend à favoriser une solution unitaire originale, dite de la « double appartenance ». La démarche, mise en œuvre partiellement depuis 1966, permet aux unions départementales de la Mutualité française de répondre favorablement à la demande d'adhésion d'une mutuelle de travailleurs.

La méthode reçoit l'agrément du comité exécutif [238], à la condition d'être utilisée de *« manière pragmatique »*. La formule unitaire débouche sur un usage imprévu, à la faveur de graves difficultés financières rencontrées par l'Union départementale de la Mutualité française des Bouches-du-Rhône. Le Grand Conseil, menacé de dissolution pour cause de faillite, est contraint pour survivre d'intégrer dans ses rangs

---

[236] André Borveau, *Mes Mémoires*, 3e Cahier, p. 50.
[237] Thierry Laurent, *La Mutualité française et le monde du travail*, *op. cit.*, p. 81.
[238] Comité exécutif du 27 décembre 1971.

les groupements locaux de la Mutualité des travailleurs. Louis Calisti, leur dirigeant, devient président de l'Union départementale en juin 1972. Si la double appartenance ouvre des perspectives d'insertion prometteuses pour la Mutualité des travailleurs, cette évolution provoque l'inquiétude et le désaveu de la CGT. La commission exécutive estime que l'immersion des mutuelles ouvrières au sein du mutualisme comporte un risque majeur de dérive vers le *« réformisme*[239] *»*.

## Agir pour mieux gérer

André Borveau constatera, au terme d'une décennie de présidence, que cette période fut celle où, à son corps défendant, l'on vit *« nos rapports avec les pouvoirs publics se dégrader de plus en plus*[240] *»*. Le XXVII^e^ congrès national, réuni à Vittel en mai 1973, s'efforce pourtant de trouver des solutions de compromis, tout particulièrement sur la question sensible des pharmacies. La proposition faite aux congressistes par le ministre de la Santé et de la Sécurité sociale, Michel Poniatowski, de définir un cadre de concurrence *« véritablement équitable »* pour envisager des créations nouvelles est reçue comme une atteinte implicite aux libertés mutualistes. Nul doute que *« la Mutualité de développement tranquille a vécu*[241] *»*, selon la formule du rapporteur général, Georges Optat.

Le renforcement des relations avec l'ensemble des organisations syndicales revêt plus que jamais une dimension stratégique. Dans cet esprit, les contacts avec la Mutualité des travailleurs s'inscrivent désormais dans le cadre d'une structure permanente de dialogue. Mais l'effort de rénovation

[239] *Le Peuple*, n° 914, 16-31 mars 1973.
[240] André Borveau, *Mes Mémoires*, 4^e^ Cahier, p. 120.
[241] *Revue de la Mutualité*, n° 70, compte rendu du XVII^e^ congrès national (17-20 mai, Vittel).

doit également porter sur la pratique mutualiste elle-même, confrontée depuis la fin des années 1960 à l'émergence de formes de prévoyance collective complémentaire, élaborées dans un cadre conventionnel par les représentants du patronat et des salariés. Le caractère obligatoire de ces dispositifs est particulièrement déstabilisant pour le mouvement volontaire, au point qu'il a vu s'éloigner le train de la prévoyance complémentaire, en restant à quai en 1947. Le signal de la poursuite est lancé en 1970, avec la création de la Société nationale de prévoyance de la Mutualité et surtout avec le lancement de la formule Mutualité-Expansion (Mutex), visant à inscrire le développement de ces garanties dans un cadre décentralisé. Quoi qu'il en soit, « *le réveil de la Mutualité sera difficile* [242] » dans ce domaine.

Alors que l'irruption des contrats collectifs tend à fragiliser les positions de la Mutualité en milieu professionnel, la publication d'un rapport de l'Inspection générale des affaires sociales (IGAS) au cours de l'année 1973, concernant l'impact de la pratique mutualiste sur le niveau des dépenses de santé, conforte le caractère positif de l'intervention des mutuelles dans le champ de l'assurance maladie. Non seulement l'IGAS oppose un démenti explicite aux griefs de surconsommation médicale faits en permanence aux mutualistes, mais elle souligne que ceux-ci coûtent moins cher, parce qu'ils peuvent se soigner plus tôt. La conclusion du rapport est sans ambiguïté : « *Contrairement à ce qu'on pense généralement, les assurés qui bénéficient de la couverture complémentaire du ticket modérateur (en fait dans le contexte français en général, et dans celui du sondage en particulier, des mutualistes) ne consomment pas plus et même, assez souvent, consomment moins que les autres* [243]. »

[242] Gérard Amieux, *La Mutualité à la croisée des chemins, le droit à la prévoyance collective,* Mutualité française, coll. « Racines mutualistes », 1992, p. 42.
[243] Rapport de l'IGAS, 1973, p. 291.

Sa fonction régulatrice légitimée, la Mutualité hausse le ton contre les atermoiements du gouvernement en matière de réalisations sanitaires. Seize demandes d'ouverture de pharmacies sont toujours en souffrance, en dépit des promesses ministérielles. Le comportement des pouvoirs publics conduit les mutualistes à coopérer plus étroitement encore avec l'ensemble des organisations du mouvement social, par la signature notamment d'une plate-forme pour la défense de la Sécurité sociale, en juillet 1974. La situation l'incite également à organiser elle-même l'action pour la défense de ses droits. Signe que l'irritation est à son comble, la FNMF organise, le 2 avril 1976, un cortège de plusieurs milliers de manifestants pour porter au ministère de la Santé 500 000 signatures en faveur des libertés mutualistes. *« Pour la première fois sans doute dans son histoire récente la Mutualité a percé le mur d'indifférence de la grande presse écrite et parlée* [244] », écrit le président fédéral.

Le silence ostensible qu'oppose le gouvernement à toutes les démarches mutualistes commande une *« action plus agressive, plus mordante et plus exigeante* [245] ». La tension franchit un nouveau degré quand le ministre de tutelle, Michel Durafour, se décommande la veille de l'ouverture du XXVIIIe congrès national, réuni à Vichy du 13 au 16 mai 1976. Les 1 700 délégués expriment leur détermination en votant à l'unanimité le texte d'un télégramme adressé au président Valéry Giscard d'Estaing, pour lui demander de mettre un terme aux refus du gouvernement d'appliquer la loi et les arrêts du Conseil d'État concernant les pharmacies mutualistes. Mais le congrès ne s'exprime pas seulement dans le registre protestataire, il affermit les positions mutualistes sur des points essentiels. Les délégués se prononcent pour l'opposition au dépassement des honoraires par les médecins,

---

[244] André Borveau, *Revue de la Mutualité*, n° 81, avril 1976, p. 2.
[245] *Ibidem.*

le développement du tiers payant, la fixation des prestations de la Sécurité sociale au plus haut niveau et la nationalisation de la grande industrie pharmaceutique.

On parle dans la presse de déclaration de guerre au gouvernement. C'est pourtant la Mutualité qui éprouve un sentiment d'agression en découvrant, au lendemain du congrès de Vichy, la réponse de la ministre de la Santé faite à un sénateur sur la question des pharmacies : *« La création d'une pharmacie mutualiste ne saurait être envisagée dès lors qu'elle aurait pour conséquence de compromettre le fonctionnement des pharmacies d'officine voisines, privées de leur clientèle de mutualistes* [246]*. »* Simone Veil, qui a su inspirer le respect en imposant la loi sur l'interruption volontaire de grossesse à une majorité hostile [247], s'est laissée circonvenir par le lobbying des organisations professionnelles de pharmaciens en faveur de leur monopole corporatif. Situation extravagante, le refus du ministère de la Santé d'ouvrir trois pharmacies, à Libourne, Clermont-Ferrand et Paris, est annulé par le Conseil d'État, qui condamne en outre les pouvoirs publics à des dommages et intérêts, versés sans barguigner.

## La déconvenue unitaire

*« Compter sur nous-mêmes* [248] *»,* écrit André Borveau au lendemain du congrès de Vichy. Pour tenir cette ligne de fermeté, il importe d'engager rapidement la réunification du mouvement. Les discussions entre la FNMF et la FNMT n'ont cessé de progresser depuis leur ouverture. Elles débouchent, en octobre 1976, sur la publication d'un protocole d'accord. Ce texte stipule que : *« La Fédération nationale de la Mutualité française assure la fonction de représentation*

---

[246] *Revue de la Mutualité,* n° 82, XXVIII$^e$ congrès national de la Mutualité française (13-16 juin 1976), p. 4.
[247] La loi sur l'IVG est votée par 284 voix, dont 99 députés de la majorité et 185 députés de gauche.
[248] *La Revue de la Mutualité,* n° 82, p. 4.

*politique de l'ensemble du mouvement mutualiste. La Fédération nationale des mutuelles de travailleurs considérée comme une union nationale est dépendante de celle-ci. Elle conserve sa personnalité caractérisée par ses statuts et ses œuvres. La liberté d'expression et d'action des groupements s'inscrit dans le respect des décisions des instances de la Fédération nationale de la Mutualité française. »* Ce compromis, qui sauvegarde l'identité de la Mutualité des travailleurs, est reçu positivement par ses principaux responsables.

Après ratification du texte par les conseils d'administration respectifs, l'unification apparaît théoriquement acquise. C'est compter sans une demande supplémentaire de garantie posée par la Mutualité des travailleurs en vue d'apaiser des réticences internes. La démarche, qui vise à octroyer six postes d'administrateurs aux mutuelles de travailleurs, requiert l'approbation des deux tiers de l'assemblée générale, en raison de la modification statutaire qu'elle implique. À la rigidité conduisant les uns à jeter des grains de sable dans les rouages unitaires devait répondre la défiance sur l'autre bord.

Denis Forestier, délégué de la MGEN, estime, lors de l'assemblée générale de mai 1977, que les conditions de ratification ne sont pas réunies, car la notion de *« personnalité de la FNMT »* apparaît insuffisamment explicite. Il propose par conséquent de reporter *« ce vote fondamental à 1978 »*. Des membres de la direction fédérale font immédiatement connaître leur surprise devant la remise à plat du problème de l'unification. Pour le secrétaire général, Édouard Brassier, *« le refus de l'adhésion de la FNMT en se basant sur une attitude idéologique constituerait l'abandon d'un de nos principes fondamentaux, qui fait que la Mutualité doit être, dans l'indépendance, capable de réunir tous les groupements mutualistes*[249] ». Le président Borveau souligne pour sa part que *« le projet ayant été adopté à l'unanimité moins une voix par le conseil d'administration, le délai demandé est inutile »*. Les résultats du vote – 279 oui et 168 non – ne permettent pas de réunir la majorité qualifiée nécessaire pour adopter une modification statutaire. Il manque 19 voix sur 481 votants. L'entreprise unitaire amorcée depuis une dizaine d'années vient d'échouer[250].

## Libertés mutualistes, nouveaux périls

Les relations de la Mutualité avec les pouvoirs publics demeurent tendues, au point que Simone Veil renonce à son engagement d'assister à la clôture du XXIX^e^ congrès national, tenu à Strasbourg en mai 1979. André Borveau y récuse l'idée que la combativité du mouvement marque une *« pause »,* car les mesures discriminatoires adoptées par l'État vont au-delà de l'emblématique question des pharmacies. La détermination mutualiste va trouver à s'employer avec l'arrivée de Jacques Barrot au ministère de la Santé et de la Sécurité sociale, en remplacement de Simone Veil, élue à la présidence du Parlement européen.

Le nouveau ministre, mandaté par le chef du gouvernement Raymond Barre pour remettre de l'ordre dans les comptes et la gestion des régimes sociaux, annonce le 25 juillet une médication classique à base de prélèvements alourdis et de prestations allégées. Un traitement particulier est réservé aux mutualistes. Le ticket modérateur d'ordre public (TMOP) ressort des tiroirs de l'administration où l'avait remisé l'action fédérale[251]. La disposition, qui, rappelons-le,

---

[249] Compte rendu de l'assemblée générale, 7 mai 1977, p. 27.

[250] André Borveau confiera quelques années plus tard : *« Le grand regret de mes dix années de présidence de la FNMF, c'est de n'avoir pu réaliser la réunification du mouvement mutualiste. »* Entretien avec l'auteur le 9 juin 1982.

[251] Cf. *supra* p. 116.

consiste à faire supporter directement aux assurés une part des frais de santé [252], constitue une atteinte flagrante au droit des mutualistes d'utiliser librement leurs cotisations. Une délégation de la Fédération conduite par son président avertit le ministre, au cours d'une discussion *« assez vive »,* de l'ampleur de la riposte à laquelle l'expose la mise en œuvre de son projet.

Dans cette période où s'engage un bras de fer incertain avec le gouvernement, le mouvement ouvre une courte parenthèse pour désigner un nouveau président. André Borveau, qui a fait savoir l'année précédente qu'il ne solliciterait pas le renouvellement de son mandat en invoquant son âge, indique que sa préférence ira à un candidat jeune et dynamique, en raison des circonstances. Certes, Édouard Brassier, secrétaire général depuis cinq ans, est un postulant d'autant plus crédible qu'il a le soutien de la Fédération mutualiste parisienne. Mais le choix du président sortant va à René Teulade, 48 ans, enseignant, qui préside l'Union nationale des caisses autonomes mutualistes (UNCA) et la Mutuelle retraite des instituteurs et fonctionnaires de l'Éducation nationale (MRIFEN). Il est *« intelligent et très actif, travailleur et opiniâtre, assez orgueilleux sous des dehors un peu frustres et non dénué d'ambition, mais très attaché en tout cas à la Mutualité* [253] *»*. Deux autres concurrents, Roger Cazin, président de la FNMFAE, et André Issaly, président de l'Union de la Haute-Garonne, sont également sur les rangs. René Teulade l'emporte au premier tour avec 51,9 % des suffrages, contre 26 % à Édouard Brassier, 17 % à Roger Cazin et 3 % à André Issaly.

La combativité du nouveau président est rapidement mise à contribution par la publication des décrets d'application du TMOP, le 15 février 1980. De plus, une proposition de loi

---

[252] En l'espèce, un taux provisoire de 5 % de la dépense.

[253] André Borveau, *Mes Mémoires*, 3e cahier, p. 131.

visant à réformer la Sécurité sociale, déposée peu avant par le docteur Henry Berger au nom de la majorité, désigne clairement la Mutualité comme fauteur de troubles, en posant la question : *« Comment faire pour que les efforts mutualistes ne constituent pas un contre-plan à l'orientation adoptée pour la protection obligatoire*[254] *? »* La proposition, qualifiée *"d'intéressante"* par le Premier ministre, suggère notamment de mettre un terme à la délégation confiée aux mutuelles de fonctionnaires pour la gestion des prestations légales de ces salariés.

La levée en masse décrétée par les instances fédérales provoque la surprise des destinataires officiels d'abord, puis des médias, qui découvrent un mouvement indépendant là où ils ne voyaient qu'un satellite administratif du régime obligatoire, et des dirigeants mutualistes eux-mêmes, ébahis par une lame de fond qui dépasse leurs espérances. L'envoi de 7 millions de cartes de protestation au président de la République, signées individuellement, dûment contrôlées par huissier, constitue à coup sûr un record du genre dans l'histoire sociale française. Plusieurs centaines d'articles, des dizaines d'émissions de radio et de télévision, le soutien de toutes les organisations syndicales et sociales et l'appui des principaux partis politiques, y compris le RPR de Jacques Chirac, tendent à isoler le gouvernement.

L'histoire de la Mutualité est également mise à contribution. L'inauguration d'un buste représentant le fondateur de la Ligue de la prévoyance et de la mutualité, Hippolyte Maze, fournit opportunément à Jacques Chaban-Delmas l'occasion de déplorer, en présence de René Teulade, que *« des coups d'épingle successifs portent atteinte à l'action mutualiste et risquent, si l'on n'y pas prend garde, de la*

---

[254] *Proposition de loi tendant à la réforme de la Sécurité sociale et à la maîtrise des dépenses de santé*, n° 1164, 19 juin 1979, p. 39.

*compromettre*[255] ». Raymond Barre, qui avait traité jusqu'alors les *« porteurs de pancartes »* par la dérision, est contraint pour la première fois de faire marche arrière. Se défaire du TMOP sans perdre la face devient la question principale.

Le compromis est officiellement passé à Matignon, le 4 juillet 1980, au cours d'une audience accordée à une délégation de la FNMF par le Premier ministre. Les mutualistes se voient reconnaître la libre utilisation de leurs cotisations, en échange de la création d'un fonds de prévention avec la Sécurité sociale. Le gel du décret a pour moindre coût des actions préventives déjà à l'œuvre dans la pratique des mutuelles, mais les mutualistes ont le bon goût d'avoir le triomphe modeste. Le président Giscard d'Estaing clôt la longue période conflictuelle née avec la V^e^ République en confirmant le droit pour la Mutualité française d'utiliser librement ses fonds sans contrepartie, lors d'une réception à l'Élysée, le 19 novembre 1980. Cette reconnaissance en appelant d'autres, une nouvelle époque commence.

## L'espoir change de camp

L'alternance politique du printemps 1981, avec l'élection de François Mitterrand, provoque la très forte espérance d'un changement profond des rapports du mouvement mutualiste avec l'État. Bien qu'elle s'interdise tout engagement partisan, la Mutualité a appris, au fil de son histoire, à distinguer l'indépendance de la neutralité. Au surplus, cela faisait si longtemps que les interlocuteurs étatiques étaient du même bord que les mutualistes se prennent à espérer l'avènement de nouvelles relations avec les pouvoirs publics. Une première série de mesures répond à leur attente : abrogation du TMOP,

---

[255] *Revue de la Mutualité*, n° 97, avril 1980.

ouverture de 9 pharmacies mutualistes, approbation de 75 nouveaux règlements de réalisations sanitaires et sociales, suppression des règles discriminatoires interdisant aux mutuelles le libre accès au secteur bancaire et suppression des abattements de tarifs dans les établissements mutualistes.

Les dossiers urgents réglés, vient le temps de la reconnaissance solennelle. Elle a lieu au XXX<sup>e</sup> congrès national de Bordeaux, en mai 1982. La présence du président de la République clôt une longue parenthèse ouverte en 1913, date de la dernière participation du plus haut personnage de l'État à ces assises. *« Les mutualistes ont l'impression de sortir d'un long tunnel*[256] *»,* observe René Teulade. Cet acte symbolique ne vise pas seulement à accorder réparation. François Mitterrand précise : *« L'objectif que j'ai demandé au gouvernement d'atteindre était double : libérer la Mutualité des entraves passées et mettre en place les conditions d'une nouvelle étape de son développement*[257]*. »*

Si l'« état de grâce » a jamais existé, c'est bien la première année de ce nouveau septennat. La dynamique réformatrice – réduction du temps de travail, octroi d'une cinquième semaine de congés payés, relèvement des bas salaires et des prestations sociales, recrutement de 300 000 fonctionnaires – semble inépuisable. Le soutien de l'opinion est acquis à la démarche gouvernementale. Mais la charge des engagements, insuffisamment évaluée, creuse rapidement le déficit dans les finances de l'État et de la Sécurité sociale. Au volontarisme généreux de Nicole Questiaux affirmant : *« Je ne suis pas le ministre des Comptes »* succède, le 29 juin 1982, le temps de la rigueur, avec Pierre Bérégovoy aux Affaires sociales et à la Solidarité nationale.

---

[256] *Revue de la Mutualité*, n° 108, juillet-août 1982, p. 108.
[257] *Ibidem*, p. 124.

Face aux plans de redressement financier successifs, la Mutualité française est contrainte de rechercher l'équilibre entre l'opposition aux mesures les plus douloureuses, tel le forfait hospitalier, et la mise à profit des potentialités de développement offertes aux mutuelles par la nouvelle majorité. Pour demeurer constructive, la critique mutualiste gagne en nuances. Les termes *« s'élève avec force »* ou *« protestations indignées »* font place à l'expression des *« inquiétudes »* et des *« regrets »*. Il est vrai que la coopération avec les pouvoirs publics en vue d'une réécriture du Code de la Mutualité, réclamée depuis longtemps, semble en bonne voie. La rénovation de l'encadrement juridique du mouvement, qui obéit à un rythme cinquantenaire depuis Napoléon III, constitue bien la grande réforme de la décennie pour les mutualistes.

La question préalable soulevée par la FNMT visant à confier le monopole de la couverture complémentaire maladie à la Mutualité se heurte à une fin de non-recevoir. Certes, le rapporteur du projet de loi reconnaît que l'argumentation en faveur de cette proposition présente *« des avantages incontestables qui en première analyse pouvaient emporter la décision* [258] *»*. Mais en transformant la Mutualité en « Sécurité sociale bis », cette gestion exclusive aurait pour conséquence d'aggraver une tutelle étatique dont on ne cesse de revendiquer l'allègement. Par ailleurs, une telle perspective a toutes chances d'être déclarée illégale par les autorités européennes pour atteinte au droit de la concurrence, dans la mesure où la protection sociale complémentaire se trouve incluse dans le fonctionnement du marché.

Reste que la rénovation du Code, adoptée par le Parlement le 25 juillet 1985, ouvre de nouveaux espaces de liberté en élargissant sensiblement le champ et les moyens

[258] *Rapport de Jean Le Gars*, n° 2691, annexe au procès-verbal du 21 mai 1985, p. 26-27.

d'action des mutuelles [259]. Les pouvoirs publics, soucieux de protéger l'identité de la Mutualité, objet d'utilisation abusive par les institutions d'assurances, substituent la dénomination « mutuelle » à celle de « société mutualiste », pour leur réserver l'exclusivité du label. Intention louable, dont la mise en œuvre n'ira pas sans aléas, les compagnies demeurant pleinement opératoires dans le domaine de la protection sociale complémentaire. Conscient des limites du concept de « pluralisme maîtrisé », invoqué pour écarter l'exclusivité mutualiste, le législateur prend l'engagement de rédiger un « code de bonne conduite » pour réguler la concurrence entre les opérateurs de prévoyance [260].

**Fin de la double appartenance**

Le débat sur le Code de la Mutualité a fait monter la tension entre les deux fédérations mutualistes. Les ponts n'ont pourtant jamais été rompus depuis la déconvenue de 1977. *« Les conversations se poursuivent »*, avait dit le congrès de Bordeaux. Mais la « double appartenance », utile stimulant dans la phase d'essor unitaire, s'avère un facteur de confusion à l'heure de l'exacerbation des divergences, même si le processus concerne à peine 10 % des effectifs fédéraux. Par ailleurs, l'assemblée générale de la FNMF adopte, en mai 1984, un dispositif, le Pacte d'union, dont l'objet est de s'attaquer à la concurrence intramutualiste, l'un des problèmes les plus irritants que doivent affronter les responsables.

L'adoption de nouvelles règles de vie démocratiques, en vue de renforcer la cohésion interne du mouvement, dresse-t-elle un obstacle supplémentaire dans les discussions entre la FNMF et la FNMT ? Il ne semble pas. Les deux fédérations

---

[259] « Un code modernisé », *Revue de la Mutualité,* n° 123, octobre-novembre 1985, p. 5-10.

[260] La rédaction en sera différée en raison du changement de majorité parlementaire lors du printemps 1986.

conviennent d'instaurer *« un climat propice à l'unité*[261] *»*, lors d'une rencontre le 24 avril 1984. La Mutualité des travailleurs s'engage à cesser *« l'arrosage »* des groupements de la Mutualité française par ses libelles de propagande, cette dernière renonçant à utiliser la notion d'*« obédience »* pour étiqueter politiquement ses interlocuteurs. Une nouvelle rencontre est fixée au 28 juin. C'était compter sans le dérapage déconcertant qui se produit à l'occasion du Ve congrès de la FNMT.

Son président, Louis Calisti, franchit allègrement, le 14 juin 1984, la ligne jaune du débat démocratique, en adressant une série d'épithètes blessantes aux dirigeants avec lesquels il négocie son adhésion. Ces responsables sont accusés de s'être comportés dans la discussion sur le Code de la Mutualité en *« héritiers des dirigeants mutualistes de 1945 qui se sont opposés à la Sécurité sociale et à la mutualité d'entreprise. Ont-ils cru que l'heure de la revanche avait sonné ? »,* d'être devenus, après les notables d'hier, *« les technocrates d'aujourd'hui »,* d'aller *« au-devant des désirs du grand patronat »,* de céder *« aux pressions des compagnies d'assurances*[262] *»*. Comment expliquer une telle embardée, sinon par l'attachement à l'un des dogmes les plus récurrents de la tradition communiste, selon lequel, « l'union étant un combat », il convient préalablement d'intimider son futur partenaire.

Le conseil d'administration de la FNMF tire immédiatement les conséquences de cette attitude, en demandant à ses groupements de mettre fin à la double appartenance, au plus tard le 31 décembre 1984, sous peine d'exclusion de la Fédération. L'épilogue de la rupture intervient au terme d'une année de discussions, lors du XXXIe congrès national, réuni à Lyon à la fin du mois de

---

[261] *Compte rendu du comité exécutif,* 10 mai 1984.
[262] Louis Calisti, *Un projet mutualiste,* Ve congrès de la FNMT, Paris, 14-16 juin 1984.

mai 1985. Le rapporteur général, Michel Marquet, tout en reconnaissant le caractère douloureux des choix à accomplir pour nombre de militants, conclut, non sans une certaine prémonition : *« Ainsi en est-il de la clarification qui, une fois réalisée permettra d'examiner le problème de l'unité sous un jour nouveau*[263]. » Pour tenter d'échapper à la marginalisation, la Mutualité des travailleurs fait peau neuve en prenant le titre de Fédération des mutuelles de France (FMF), en janvier 1986.

**Révolution culturelle**

La rupture, épisode banal dans la tradition d'un mouvement social français plus soucieux de cultiver les différences que les convergences, apparaît moins familière au mutualisme, astreint depuis toujours à combiner la diversité avec l'unité pour survivre. Légataire historique de cette tradition, la FNMF conserve son autorité sur près de 90 % du mouvement. Pour dommageable qu'il soit, l'accident unitaire n'a pas interrompu l'évolution conduisant la Mutualité à s'affirmer comme un mouvement d'action et de gestion. La pression envahissante du marché et le désengagement programmé de l'assurance maladie obligatoire exigent, il est vrai, de mieux conjuguer l'audace et la fidélité. *« La Mutualité doit savoir utiliser les techniques et les méthodes les plus performantes, dans le respect permanent des principes qui animent le mouvement mutualiste*[264] », dit la résolution du congrès de Lyon.

Derrière l'exhortation convenue, une véritable révolution culturelle est engagée pour réviser le principe séculaire du mouvement « à cotisations égales, prestations égales ». Déjà, l'adoption d'une cotisation calculée en pourcentage du traitement par les mutuelles de fonctionnaires, à la Libération,

---

[263] *Revue de la Mutualité,* n° 122, juillet-août-septembre 1985, p. 14.
[264] *Revue de la Mutualité*, n° 122, juillet-août-septembre 1985, p. 90.

avait ouvert une première brèche. Mais la mutation tarifaire opérée par les mutuelles interprofessionnelles les plus exposées au feu de la concurrence, par l'adoption de cotisations modulées en fonction de l'âge atteint, apparaît plus radicale encore. La transformation répond, certes, aux contraintes de la compétition économique menée par les compagnies d'assurances, qui proposent des contrats « sur mesure » à une clientèle jeune, courtisée pour sa faible consommation médicale.

Mais loin d'être un pur ajustement concurrentiel, les modifications tarifaires visent également à répondre au véritable problème de société que constitue la fragilisation d'une partie de la jeunesse particulièrement éprouvée par le chômage. Évolution d'autant plus nécessaire que les retraités, hier le maillon faible, concentrent en moyenne la fraction la plus élevée des revenus et du patrimoine. De plus, la connaissance statistique des coûts du risque santé, améliorée par les progrès de l'outil informatique, permet d'évaluer les transferts financiers nécessaires entre catégories d'assurés pour donner une assise économique au principe de solidarité.

Au terme d'une longue et douloureuse réflexion, les mutuelles interprofessionnelles accomplissent au milieu des années 1980, avec le soutien de la FNMF, une véritable inversion du flux solidaire mutualiste, construit historiquement de la jeunesse vers les plus anciens. La variation des cotisations en fonction de l'âge n'implique nul ralliement à la logique d'assurance [265]. Si la tarification doit nécessairement tenir compte du facteur « âge » comme variable importante du coût du risque, la Mutualité favorise corrélativement l'accès des plus jeunes à une protection solidaire par une tarification adaptée à leurs moyens.

---

[265] C'est d'ailleurs l'opinion que semblent en avoir les intéressés, puisqu'une étude menée en 1993 par le Centre de recherche et de documentation en économie de la santé (CREDES) indique qu'à peine 10 % des personnes de plus de 65 ans disposant d'une couverture complémentaire sont prises en charge par une compagnie d'assurances, alors qu'elles sont 75 % dans les rangs mutualistes.

Tout en décourageant l'imprévoyance et l'individualisme par ces aménagements tarifaires, les mutuelles continuent d'exclure catégoriquement les pratiques de sélection des risques et des groupes utilisées par les compagnies privées. L'analyse comparée de l'assurance de marché et de l'assurance de solidarité ne laisse planer aucun doute quant au maintien d'une différence majeure entre les deux pratiques. L'économiste Hervé Mauroy, au terme d'une longue étude menée sans complaisance sur les transformations opérées par les mutuelles en situation concurrentielle, estime dans sa conclusion : *« Bien que la mutation opérée soit de grande ampleur et présente un caractère uniforme, les mutuelles ouvertes se refusent à aller jusqu'à se transformer en compagnie d'assurance*[266]*. »* Les mutualistes, ce faisant, ne sont pas seulement fidèles à la « foi jurée », mais font un bon placement du point de vue de leur image : *« La conservation de traits solidaristes leur apparaît comme un moyen de valoriser le capital symbolique accumulé par le mouvement mutualiste. »*

L'ultralibéralisme au pouvoir aux États-Unis et en Grande-Bretagne s'infiltre de toutes parts dans l'Hexagone à partir du milieu des années 1980. La privatisation et le désengagement social de l'État, la flexibilité de l'économie et surtout du travail, avec l'extension du chômage de masse, deviennent les références obsédantes de la période. Alors même que la gauche est encore au gouvernement, la FNMF tente d'établir une ligne de défense sur le thème : *« Attaquer la sécu, c'est reculer de 40 ans*[267] *»*. Le retour victorieux de la

---

[266] Hervé Mauroy, *La Mutualité en mutation. Les pratiques solidaristes en question*, L'Harmattan, 1996, p. 196-197. Cf. également, Hervé Mauroy, *La Mutualité face à la sélection adverse : les pratiques des mutuelles ouvertes sur le terrain du complément maladie individuel en mutation.* Thèse de doctorat en sciences économiques, université Lille I, 1994.

[267] Le quarantième anniversaire de la Sécurité sociale a été l'occasion d'exprimer en 1985 le fort attachement de la Mutualité française et de toutes les grandes organisations sociales au régime de protection sociale instauré en 1945. François Mitterrand déclare le 4 octobre 1985, au Palais des congrès de Paris, devant 4 000 personnalités : *« La Sécurité sociale, c'est le meilleur don de l'homme au service des hommes. »*

droite, au printemps 1986, porte aux affaires une majorité affichant clairement son inspiration libérale.

Le plan Séguin de redressement des comptes de la Sécurité sociale mobilise de nouveau le mouvement mutualiste, à la faveur d'un rassemblement de plus de 100 000 personnes à l'hippodrome de Vincennes, le 23 mai 1987. Le président René Teulade, qui ne conteste pas l'existence de problèmes financiers, reproche au gouvernement sa *« tendance à aller au plus simple, c'est-à-dire réduire les prestations et les remboursements de l'assurance maladie, suivant en cela l'exemple donné par ceux qui l'ont précédé* [268] *»*. La portée médiatique de la réunion est considérable. Le ministre lui-même reconnaît avoir *« entendu là des propositions constructives »*. Après s'être imposée comme pivot dans la défense des consommateurs de soins, la Mutualité française se voit reconnaître progressivement, par l'ensemble de la classe politique, une fonction de régulation dans le champ de la protection sociale.

## Le tournant des années 1990

Après le retour du balancier politique à gauche en 1988, la Fédération se retrouve devant la délicate question de l'élaboration d'un « code de bonne conduite » entre opérateurs de prévoyance complémentaire. Le développement d'une concurrence acharnée, favorisant des procédures de sélection dommageables aux assurés, et les contraintes réglementaires de la construction européenne commandent de lever les incertitudes juridiques pesant sur ce domaine. Le droit de la protection sociale complémentaire repose depuis près d'un demi-siècle sur une fiction, celle d'un monopole théorique reconnu aux mutuelles et aux institutions de prévoyance par le

---

[268] *Le 23 mai de la Mutualité française*, CIEM, 1987, p. 5.

décret du 8 juin 1946. Or ce texte, publié sous l'autorité d'Ambroise Croizat, ministre communiste du Travail, avait admis à titre d'exception un droit d'intervention des compagnies d'assurances dans ce champ, sous certaines conditions [269]. Au fil du temps, les oscillations de la jurisprudence ont institué un véritable *« musée aux horreurs juridiques* [270] *»,* favorisant la banalisation des institutions à but lucratif.

Si la loi Évin du 31 décembre 1989, destinée à clarifier cet imbroglio, est encore loin de constituer le code de la prévoyance complémentaire que la Mutualité française ne cesse de réclamer, elle marque cependant *« une avancée positive de la réglementation de la prévoyance »,* estime l'assemblée générale de la FNMF du 26 mai 1990. La Fédération a, il est vrai, participé à la rédaction du texte par diverses contributions. Le résultat est plus qu'honorable : le maintien des tarifs initiaux en cas de sortie de la vie active, l'interdiction d'exclure un assuré contre son gré pour consommation jugée excessive, l'obligation de poursuivre le versement des rentes en cours quelles que soient les circonstances sont autant de mesures visant à considérer la prévoyance davantage comme un droit social que comme un produit d'assurance. Les garanties nouvelles ont un prix, celui de la reconnaissance du libre jeu concurrentiel.

Face aux risques de la surenchère normalisée, deux écueils majeurs guettent la Mutualité : le repli sur soi et l'obsession de la rentabilité [271]. Aguerrie par les efforts importants consentis pour adapter ses missions aux exigences du temps, elle s'attache non seulement à éviter ces impasses,

---

[269] Créer notamment un organisme disposant d'un conseil d'administration composé sur des bases paritaires, selon le modèle des institutions de prévoyance.

[270] Jean-Jacques Dupeyroux, « La protection sociale complémentaire », *Droit social,* n° 4, avril 1986, p. 278.

[271] « La rentabilité est, en dernière analyse, l'étalon ultime de la capacité de réponse de l'assureur », revendique Claude Bébéar, alors président du Directoire AXA-UAP, in *Encyclopédie de l'assurance,* sous la direction de François Ewald et Jean-Hervé Lorenzi, Economica, 1998, p. 1738.

mais aussi à utiliser les ressources de son potentiel solidariste pour répondre aux aspirations inédites. Le XXXIII^e congrès national, réuni à Grenoble en mai 1991, pose les jalons d'une stratégie mutualiste renouvelée, notamment par les propositions d'un « système complet de santé » et d'une « offre globale » pour la prévoyance collective. Il s'agit là de promouvoir des produits « groupes », qui combinent prestations de santé et de prévoyance en associant plusieurs partenaires mutualistes.

Le médicament, apparu très tôt comme un domaine privilégié de l'intervention mutualiste, fournit une illustration exemplaire de cette fonction régulatrice, revendiquée et assumée. Depuis 1980, la Mutualité française publie et actualise un *Guide des médicaments de référence et des spécialités comparables* destiné aux médecins généralistes, en vue de leur fournir des comparaisons de coûts entre des médicaments de marques différentes possédant le même principe actif. Elle a été la première à demander que soit adoptée une politique en faveur des médicaments génériques, contribuant ainsi à engager l'État et la société française dans une démarche visant à combler l'énorme retard accumulé en la matière [272].

L'obligation de s'adapter en innovant provoque l'amorce d'évolutions structurelles en chaîne au sein des grandes familles de la Mutualité française, au tournant des années 1990. La FNMFAE est devenue la Mutualité de la fonction publique (MFP) en 1988. Le changement d'appellation de l'Union nationale des caisses chirurgicales mutualistes (UNCCM) en Mutualité interprofessionnelle, en 1989, prélude au retour au statut fédéral, adopté en 1993 sous le nom de Fédération nationale de la Mutualité interprofessionnelle (FNMI). La FNMF, garante de l'unité du

---

[272] En 2003, le générique représente 5,4 % des ventes des boîtes de médicaments en France, contre 50 % aux États-Unis et 38 % en Allemagne.

mouvement, veille à ce que ces ajustements ne déclenchent pas des forces centrifuges. Elle enregistre dans cette période une avancée sensible de ses moyens humains et matériels. La progression du personnel fédéral est considérable, surtout si on la rapporte à ses trois premières décennies. Depuis le milieu des années 1960 jusqu'à celui des années 1990, les effectifs salariés de la Fédération se sont accrus sur le rythme d'un quasi-doublement tous les dix ans pour répondre à l'extension continue de ses responsabilités.

Le développement des garanties de prévoyance, l'acquisition et la diffusion de nouvelles méthodes de gestion, l'élargissement des services d'assistance technique aux groupements, l'élaboration d'une politique globale de prévention, la mise en place d'outils d'analyse et d'intervention auprès des législateurs nationaux et européens, l'exigence de besoins inédits de communication, d'information et de formation sont à la base de la construction de cette impressionnante administration mutualiste. L'édification d'un nouveau siège, remarquable par son architecture et son volume, couronne la montée en puissance d'un certain style fédéraliste. Lors de son inauguration, le 2 juin 1989, le président François Mitterrand salue *« le mariage de la pierre, du verre et du métal qui, à travers cet immeuble, illustre vos propres valeurs, la solidarité, heureux équilibre entre des forces diverses* [273] *».*

Une mutation institutionnelle n'est pas complète si elle ne s'accompagne pas d'un changement d'équipe dirigeante. Les circonstances en fournissent opportunément l'occasion. En devenant ministre des Affaires sociales et de l'Intégration du gouvernement Pierre Bérégovoy, au printemps 1992, René Teulade met un terme à son mandat présidentiel. Jean-Pierre Davant, président de la Mutualité de la fonction publique, est

---

[273] *Revue de la Mutualité*, n° 138, septembre 1989, p. 23.

élu très largement par l'assemblée générale du 7 mai 1992. Ancien président de la Mutuelle de l'administration des impôts, dont il a été inspecteur principal, il incarne une dynamique nouvelle par son expérience gestionnaire et par son âge. Il a 47 ans. Adepte du rugby, et de son art du contre-pied, le nouveau président affirme rapidement une volonté résolue d'indépendance vis-à-vis de toutes les institutions politiques et syndicales.

**Être indépendant pour demeurer solidaire**

La faculté de peser sur les choix de la société française en matière de santé a rarement été aussi déterminée, en cette fin de siècle, par le degré d'autonomie dont la Mutualité peut disposer. Le retour de la droite parlementaire au gouvernement, en 1993, reconduit dans un premier temps les formes classiques d'opposition. Le plan Veil, quinzième tentative de « sauvetage » de la Sécurité sociale, provoque la protestation des mutualistes contre des mesures assurément palliatives et surtout inégalitaires. Mais les responsables de la Mutualité ont compris depuis longtemps que la « guerre de tranchée » ne suffit plus. Le moment est venu de faire entendre avec plus de force encore sa voix réformatrice.

La « Charte pour une protection sociale en l'an 2000 » est rendue publique lors du XXXV$^{e}$ congrès national, réuni à Bayonne en septembre 1994. Sa ligne de force vise à *« sortir l'assurance maladie des logiques corporatistes »* pour créer *« un régime universel d'assurance maladie »,* en vue de répondre à l'exigence de *« cohésion nationale ».* Mis à part quelques crispations corporatistes attendues, et au-delà de la curiosité médiatique habituelle, la Charte retient l'attention et parfois l'intérêt d'acteurs importants du champ social. Le volet

« santé » du plan Juppé, publié avec quelques éclats [274] le 15 novembre 1995, n'a certes pas été rédigé à Bayonne, mais la Mutualité ne peut dissimuler sa satisfaction d'y retrouver nombre de ses propositions, notamment l'institution d'un régime universel d'assurance maladie. Parmi les dispositions prises par le gouvernement, la reconnaissance des médicaments génériques constitue le meilleur symbole de l'efficience du combat mutualiste mené de longue date. Tout en exprimant son agrément sur les intentions, la FNMF promet d'être vigilante sur leur mise en œuvre.

La Mutualité, source d'inspiration pour le renouveau du système de protection sociale français ? L'idée est légitimée par le président de la République, lors du XXXV^e^ congrès, tenu à Lille en juin 1997. Jacques Chirac, après avoir souligné le caractère fécond des idées de Bayonne, observe : *« Je ne dirais pas, Monsieur le Président, qu'elles ont été "pillées". Je dirais plutôt qu'elles ont essaimé parce qu'elles étaient justes. »* Nombre de propositions émises par le congrès précédent ont été intégrées dans les divers dispositifs qui régissent le système de distribution des soins, mais force est de constater que l'essentiel reste à faire. Le président de la Mutualité française confirme que son organisation, pleinement engagée dans le camp de la réforme, *« restera vigilante et exigeante »*. Le retour de la gauche au pouvoir, à la faveur d'une dissolution hasardeuse, donne un relief particulier à cet engagement, qui désormais va concerner la nouvelle équipe gouvernementale, dirigée par Lionel Jospin.

Le XXXVI^e^ congrès, réuni en juin 2000 à Paris, a toutes les raisons d'entrer dans la lignée des congrès jalons. Celui de Lyon (1883) a symbolisé « la fondation », celui de Nantes (1904), « la Fédération », celui d'Aix-les-Bains (1948), « la

---

[274] Le Premier ministre, qui avait cru bon de lier la réforme des pensions de retraite des personnels des entreprises nationales à celle de la Sécurité sociale, provoque un mouvement social d'une ampleur exceptionnelle d'octobre à décembre 1995, qui le contraint à abandonner les dispositions portant sur la retraite.

restauration », celui de Saint-Malo (1967), « l'indépendance » et celui de Bordeaux (1982), « la légitimation ». Si le congrès de Paris a toutes chances de figurer dans la liste des repères historiques, ce n'est malheureusement pas pour enregistrer les succès de l'engagement réformateur déployé depuis six ans par les mutualistes dans le domaine de la santé. L'extrême complexité de l'univers de la Sécurité sociale, tiraillé par de multiples intérêts contradictoires, impose aux évolutions nécessaires un rythme d'une lenteur désespérante, quand elle ne les renvoie pas aux calendes grecques. Jean-Pierre Davant ne peut que constater devant le président de la République : *« Les motivations qui étaient les nôtres en 1995, lors du débat sur la modernisation du système de santé, demeurent. »*

L'empreinte que le XXXVI^e^ congrès a toutes chances de laisser dans la mémoire mutualiste tient à la validation du compromis réalisé sur le Code de la Mutualité, en vue d'y transcrire les directives européennes d'assurances. Avantage de la cohabitation, les deux têtes de l'exécutif ont rivalisé, cette fois, de sollicitude pour préserver l'identité des mutuelles. À Lille, Jacques Chirac avait reconnu : *« On ne peut ignorer les particularités du secteur mutualiste. »* Le travail accompli depuis trois ans a permis de jeter les bases d'une transposition acceptable par les autorités de la Communauté européenne et compatible avec la personnalité du mutualisme. Pour Lionel Jospin, premier chef de gouvernement à s'exprimer devant un congrès de la Mutualité française, *« ce projet de loi réaffirme les valeurs fondamentales de votre mouvement »*.

Avec cette levée de l'incertitude juridique, ce nouveau Code marque le vrai départ de la Mutualité pour le XXI^e^ siècle. Le caractère laborieux de son élaboration ne peut surprendre. Alors que les révisions de l'encadrement juridique des mutuelles se sont opérées sur un rythme proche du demi-siècle – 1852, 1898, 1945, 1985 –, l'accélération brutale du mouvement a sans aucun doute déconcerté. En outre, la réforme n'a plus pour cadre le tête-à-tête traditionnel entre l'État et la Mutualité. L'immixtion d'un troisième protagoniste supranational, fortement imprégné, et pour cause, des valeurs du marché, a rendu plus difficile le processus de mise à jour. Reste que, à la faveur de cette épreuve, il a été démontré que les capacités d'adaptation du mutualisme n'avaient rien perdu de leur vitalité. La bataille de la transposition et ses conséquences nous offrent la matière pour conclure, provisoirement, cette évocation du premier siècle d'existence de la FNMF.

**Les enjeux d'une transposition**

Alors que nous ignorons ce que l'avenir réserve, il est aisé d'affirmer après coup que la réalité ne pouvait être autre. Le dessein européen constitue un domaine particulièrement complexe de la prévision à moyen et à long termes. Le balancement des plus éminentes personnalités politiques ou syndicales, à toutes les étapes de cette construction, ne peut qu'inciter à l'humilité. Rares devaient être ceux qui, à la fin des années 1980, avaient la certitude qu'une monnaie nationale vieille de sept siècles céderait la place à une monnaie européenne, une décennie plus tard. Sur les routes incertaines de la construction européenne, la Mutualité française a pu être tentée de prendre d'hypothétiques chemins de traverse, mais elle n'a jamais dérogé à son engagement de préserver ses valeurs constitutives.

L'Europe était apparue, depuis 1957 et au cours des trente premières années de sa construction, comme une réalité d'autant plus virtuelle que la protection sociale obligatoire demeurait du ressort exclusif de chaque État membre, en application du principe de subsidiarité. L'ouverture des frontières, inscrite dans le traité de Rome, ne devient une réalité tangible qu'avec la signature de l'Acte unique en 1986, prévoyant l'instauration d'un grand marché unifié pour 1993. Dès lors, la question européenne, qualifiée de *« thème nouveau*[275] *»,* est pour la première fois abordée dans un congrès national en 1988. La relation de la Mutualité et de l'Europe constituait auparavant une sorte de domaine réservé à l'Association internationale de la Mutualité (AIM).

Les étapes de l'ouverture des frontières du marché de l'assurance sont désormais programmées. De nouveaux droits pour les organismes assureurs, tels que la « libre prestation de services » et le « libre établissement », ainsi que de nouvelles obligations à l'égard des assurés modifient le cadre juridique antérieur. La nouvelle donne provoque l'inquiétude des acteurs de la protection sociale complémentaire, incluse sans restriction dans le fonctionnement du marché.

Conscients que la ligne de pente européenne est davantage économique que sociale, les responsables mutualistes estiment préférable dans un premier temps, en accord avec l'AIM, d'examiner *« l'hypothèse d'une directive propre à la Mutualité ».* Cette proposition est présentée officiellement lors d'un colloque organisé à Lille par la FNMF, en septembre 1989, auquel participe Claude Évin, ministre de la Solidarité, de la Santé et de la Protection sociale. Très vite, les interlocuteurs gouvernementaux, Claude Évin, puis Jean-Louis Bianco, informés du refus irrévocable des autorités communautaires d'envisager l'hypothèse d'une « exception sociale », incitent vivement la Mutualité française à demander son intégration dans les directives européennes. Elle en accepte le principe, non sans réclamer des dispositions reconnaissant la spécificité des mutuelles.

Le conseil d'administration de la FNMF, prenant progressivement la mesure des conséquences préjudiciables à

---

[275] *Revue de la Mutualité*, n° 134, XXXII$^{e}$ congrès national de la Mutualité française, Nice, 8-11 juin 1988, p. 112.

son identité solidaire, occasionnées par les projets de modification du Code de la Mutualité, entame un long bras de fer pour obtenir une transposition respectant les principes mutualistes, le 4 juin 1993. La mission confiée par le gouvernement Balladur au président de la section sociale du Conseil d'État, Alain Baquet, semble déboucher l'année suivante sur des perspectives conciliantes, en particulier sur la disposition controversée interdisant la gestion directe des réalisations sanitaires et sociales par les mutuelles. Le président François Mitterrand apporte un soutien sans équivoque à ce combat pour le droit à la différence au XXXIVe congrès de Bayonne, en septembre 1994, en affirmant que *« le Code de la Mutualité n'est pas le Code des assurances »*.

La politique d'attente adoptée dès lors par le gouvernement français, pendant trois années, irrite profondément les autorités communautaires. Ces dernières adressent à la France une mise en demeure en 1996, un « avis motivé » en 1997 et introduisent un « recours en manquement » en juillet 1998 [276]. Un rapport présenté par Michel Rocard le 27 mai 1999, à la demande de Lionel Jospin, permet de débloquer la situation. Deux principes sont énoncés d'emblée : la non-transposition n'est pas *« une solution envisageable »* et la transposition peut se réaliser, pour une large part, *« sans remise en cause majeure des principes mutualistes : solidarité, caractère non lucratif, bénévolat [277] »*. On doit à la créativité de l'ancien Premier ministre, parlementaire européen assidu, d'avoir su proposer un compromis acceptable entre le respect de la spécificité mutualiste et la règle de la spécialisation imposée par les directives d'assurances. Les mutuelles peuvent ainsi continuer

[276] Henri Faivre, « Législation européenne et Code de la Mutualité, l'exemple des mutuelles de Vendée », *RECMA*, n° 278, octobre 2000, p. 31-46.
[277] *Ibidem*, p. 39.

à développer leurs œuvres sanitaires et sociales, par l'intermédiaire d'une mutuelle spécialement dédiée à cet effet, tout en respectant la règle imposée par Bruxelles d'une gestion juridiquement distincte.

Au terme de cette gestation laborieuse, l'ordonnance du 19 avril 2001 abroge et réécrit intégralement le Code de la Mutualité [278]. S'il ne peut offrir une bulle protectrice contre toutes les formes de contamination marchande, ce texte a le mérite essentiel de préserver les mutuelles de l'intégration pure et simple au marché de l'assurance, projetée initialement. Les mutualistes ont appris, au cours de leur histoire, à gérer le caractère ambivalent de leur rapport à la loi. Non seulement leur pratique sociale a préexisté au droit, mais ils ont généralement contribué à l'écrire autant qu'on l'a écrit pour eux. La dernière réforme du Code confirme cette relation dialectique de longue durée.

La Mutualité sort juridiquement indemne, pour l'essentiel, de son intégration au droit européen. De plus, elle bénéfice en la circonstance d'une modernisation de ses règles de fonctionnement et d'un progrès de ses libertés. On ne peut jurer que la rédaction définitive a écarté toute ambiguïté et tout péril, notamment en matière de réassurance. Il reste qu'un texte de loi, quel qu'il soit, ne vaut que par la volonté des destinataires de se l'approprier. À l'évidence, le nouvel ordre juridique ouvre la voie au redéploiement des formes organisées de la Mutualité française et de sa Fédération.

## Vers la Mutualité du XXI^e^ siècle

La loi consacre, là encore, autant qu'elle le stimule, le processus de mutation déjà à l'œuvre depuis plusieurs années. Sans nullement prétendre à l'exhaustivité, quelques lignes de force peuvent être dégagées. Vient au premier rang le

---

[278] *Le Code de la Mutualité commenté, 2001,* Librairie générale de droit et de jurisprudence (LGDJ) et Mutualité française, Paris, 2001.

phénomène de regroupement, qui tend à modifier sensiblement le paysage mutualiste. Il se développe selon des modalités à vocation nationale ou régionale. Les mutuelles nationales se différencient en mutuelles interprofessionnelles, telle la Mutuelle nationale médico-chirurgico-dentaire (MCD), et en mutuelles de fonctionnaires, de plus en plus ouvertes à toutes les formes de coopération. Celles-ci peuvent constituer entre elles un pool de solidarité ou construire des alliances avec des grandes mutuelles de l'industrie, comme le partenariat réalisé en 2002 entre la Mutuelle générale, ancienne MGPTT, et la Mutuelle de l'industrie et du pétrole.

L'autre modalité de regroupement utilisée pour bénéficier de l'effet de taille passe par le niveau régional et met essentiellement en jeu la mutualité interprofessionnelle. Ce mouvement a connu depuis l'année 2000 une sensible accélération. L'étude publiée par l'Observatoire de l'environnement de la FNMF, à la fin de 2002, livre un état des lieux d'autant plus impressionnant que la marge d'évolution demeure importante. Les regroupements étudiés, 25 au total, résultent de la volonté unitaire de 400 mutuelles, représentant plus de 11 millions de personnes protégées. Ils se répartissent en deux grandes catégories, selon la méthode utilisée pour s'associer. La première privilégie la mise en commun de moyens pour former un réseau, comme dans le cas du groupe Harmonie, l'un des plus anciens.

La seconde formule conduit au stade suprême de la fusion. Tel est le cas de Préviade-Mutouest : il s'agit de la première « interpro » à franchir le seuil du million de personnes protégées, soit la taille critique requise, selon les critères assurantiels, pour professionnaliser et rentabiliser des outils comme le marketing et la communication. Cette fusion entre groupements de l'Ouest et de l'Est de la France montre que l'homogénéité géographique n'est plus nécessaire pour constituer des ensembles régionaux. Caractéristique majeure commune, les mutuelles régionales dépourvues de toute vocation nationale n'entendent pas se doter d'un siège parisien. Elles possèdent le bon profil pour s'inscrire dans la dynamique de régionalisation, devenue un point de passage obligé depuis l'européanisation du Code.

La mise à jour de l'encadrement juridique permet d'évaluer avec précision le mouvement de concentration qui recompose, sans répit, l'univers mutualiste. Une étude officielle, publiée en janvier 2002 [279], avait déjà montré l'ampleur du phénomène. Cette statistique faisait apparaître qu'en 1999 la totalité des prestations d'assurance maladie complémentaire était distribuée par 811 mutuelles, que 116 en versaient les trois quarts et que les 6 plus importantes représentaient à elles seules le quart du montant des prestations. La référence rituelle aux 6 000 mutuelles appartient désormais au passé. Les résultats de l'inscription, désormais obligatoire, des groupements au Registre national des mutuelles (RNM) publiés au début de l'année 2003 ne laissent aucun doute à ce sujet.

Seules 770 mutuelles ont été en mesure de satisfaire aux règles financières et aux normes prudentielles exigées et par conséquent d'assumer le métier « historique » de l'assurance maladie. Elles peuvent, en outre, apporter leur caution aux mutuelles dites « substituées », au nombre de 700, qui ne disposent pas de l'assise financière nécessaire, mais qui conservent néanmoins les attributs de leur fonctionnement démocratique. La procédure d'immatriculation révèle également l'existence de 1 000 mutuelles « dédiées » à la gestion des activités sanitaires et sociales, 300 fusions-absorptions, ainsi que 400 dissolutions volontaires. Au total, 2 523 organismes mutualistes ont été recensés.

---

[279] « L'activité des groupements mutualistes : un panorama en 1999 », *Études et Résultats*, n° 154, janvier 2002, DREES.

Le processus de régionalisation déjà engagé par les pouvoirs publics, les régimes de protection sociale et les grandes institutions professionnelles devient impératif depuis la réforme du Code. Le nouveau texte institue la région circonscription électorale de base pour l'élection des représentants du mouvement au Conseil supérieur de la Mutualité. L'assemblée générale du 30 juin 2002 a fait le choix courageux, par 96,5 % de ses délégués, d'une union régionale *« autonome, indépendante de la Fédération »*. Le mouvement retrouve la perspective « régionaliste » évoquée lors de la naissance de la Fédération [280] ou plus tard au congrès de Bordeaux, en 1982. Reste qu'instaurer un nouvel échelon, sans léser les autres, s'avère d'autant plus délicat que la fonction de l'union départementale, notamment, demeure irremplaçable à échéance prévisible. La formation récente d'une union régionale en Alsace, issue de la fusion de ses deux unions départementales, résulte de caractéristiques historiques trop spécifiques pour constituer un présage.

Le vent de réforme provoqué par les directives européennes a atteint la Fédération elle-même, au point de devoir en modifier la configuration générale. L'obligation de se séparer des activités d'assurance a conduit la FNMF à se doter d'une structure fédérale plus complexe pour demeurer unitaire. Le schéma organisationnel construit depuis un siècle a vécu. L'assemblée générale de juin 2002 lui substitue une nouvelle architecture. Un groupe Mutualité française est défini, qui comprend la FNMF et trois unions mutualistes chargées de la prévoyance, de la réassurance et du système fédéral de garantie. À la tête du groupe, la Fédération continue d'assumer sa fonction de représentation et de défense des intérêts de l'ensemble du mouvement. Elle conserve également la responsabilité de contribuer à la cohésion et à la

---

[280] Cf. *infra* p. 49.

coordination des groupements adhérents. Membre honoraire des différentes unions créées, la FNMF possède un rôle d'arbitre pour les décisions stratégiques du groupe Mutualité française. Les grandes mutuelles, notamment celles de la fonction publique, ont adopté une structure similaire pour se conformer au principe de spécialisation.

Si les conditions d'exercice de l'autorité fédérale apparaissent juridiquement plus complexes, elles s'affirment, en revanche, politiquement bonifiées depuis l'accord de réunification signé par la FNMF et la FMF, en 2002. En se rassemblant, la Mutualité française affirme une singularité positive, à contre-courant des tendances à la balkanisation du mouvement social dans notre pays. L'objectif défini par les signataires est élevé : *« Améliorer les conditions de vie de ses adhérents par une approche globale de la santé, avec une offre de prestations de qualité et par une action visant à infléchir la politique sanitaire et sociale du pays vers plus de solidarité. »* Une telle ambition implique nécessairement la mobilisation de toutes les forces du mouvement, et au-delà, pour devenir réalité.

**Pour une complémentarité rénovée**

La stratégie de la Mutualité s'inspire, quoi de plus normal, de l'expérience accumulée depuis près de soixante années sur le terrain de la complémentarité santé. Non pour préserver un « fonds de commerce », mais bien parce que sa position complémentaire lui permet de percevoir, mieux que quiconque, l'essoufflement de l'ensemble du système. S'il est vrai que l'histoire ne se répète jamais à l'identique, il existe des éléments, sinon permanents du moins durables, dans l'évolution humaine. L'un de ces facteurs récurrents ne réside-t-il pas dans le fait que *« la temporalité du social n'est pas celle du politique*[281] » ? Alors que le temps social se déploie généralement dans la très longue durée, celui du politique demeure circonscrit aux contraintes du court terme. Seules des circonstances exceptionnelles ont permis, comme en 1945, de réaliser la correspondance des deux temps. Les conditions d'une nouvelle confluence peuvent-elles se reproduire en ce début du XXI$^{e}$ siècle ?

L'historien ne peut répondre à cette question, car *« notre métier n'est pas celui d'un turfiste. Les seules courses de chevaux qu'ils puissent prétendre relater et analyser, sont celles déjà gagnées ou perdues*[282] *».* Il peut tenter d'évaluer, en revanche, le degré d'engagement des principaux protagonistes sur les chemins de la réforme si souvent promise. Du point de vue de la Mutualité, la refonte générale du système implique la transformation des rapports entre le régime obligatoire et les complémentaires. Cette clarification en constitue même l'une des pierres de touche. S'il ne faut jurer de rien, il semble que la méthode classique, reposant sur le transfert continu et insidieux des dépenses de l'assurance maladie vers les institutions complémentaires, a atteint ses limites. Des voix officielles s'affirment, banal chant de sirènes ou amorce d'une évolution positive, pour un dépassement du simple rôle de « payeur aveugle » dévolu aux mutuelles. Le succès de la campagne en faveur d'un crédit d'impôt pour les souscripteurs d'une garantie solidaire, soutenue par la plus haute personnalité de l'État, n'est probablement pas étranger à cette reconnaissance verbale. L'intervention des mutuelles est en phase avec un mouvement d'opinion toujours plus favorable à la gestion des systèmes d'assurance maladie ou de retraite dans un cadre public[283].

---

[281] Philippe-Jean Hesse et Jean-Pierre Le Crom (sous la direction de), *La protection sociale sous Vichy, op. cit.*, p. 364.

[282] Éric J. Hobsbawm, *L'âge des extrêmes. Histoire du court XX$^{e}$ siècle,* Éditions Complexe-Le Monde diplomatique, 1994, p. 24.

[283] Cf. enquête réalisée par la DREES entre 2000 et 2002, in *Espace social européen,* n° 631.

Mais la Mutualité en a-t-elle fini pour autant avec la tentation persistante des pouvoirs publics de la restreindre à une simple fonction d'amortissement des déséquilibres financiers du régime légal ? Rien n'est moins sûr. Quoi qu'il en soit, au terme de son premier siècle d'existence, la FNMF aborde l'étape suivante les yeux grands ouverts. Elle entend poser avec force, à l'occasion de son XXXVII^e^ congrès national, réuni à Toulouse en juin 2003, les questions essentielles : *« Comment maintenir les notions d'universalité et de solidarité dans un système éclaté qui limiterait l'intervention des régimes obligatoires au "gros risque" ? Comment imaginer qu'une telle modalité n'entraînerait pas des phénomènes d'exclusion accroissant les difficultés précoce au système de soins et à la prévention ? [...] Comment sortir de l'amalgame systématique entre tous les assureurs complémentaires, aux finalités pourtant bien différentes* [284] *? »*

La Mutualité française a toute légitimité pour faire entendre la voix de la solidarité. Elle totalise plus de 17 millions d'adhérents, représentant quelque 36 millions de personnes protégées [285], soit plus d'un français sur deux, en 2002. Son rôle n'a cessé de croître dans le champ de l'assurance maladie. Ses prestations ont progressé deux fois plus vite que celles de la Sécurité sociale, au cours de la dernière décennie. Fait remarquable, la progression n'a pas été seulement quantitative, mais aussi qualitative. Les cotisations mutualistes ont évolué à un rythme inférieur à celui des prestations [286]. La Mutualité a démontré ainsi une faculté gestionnaire permettant de conjuguer l'identité et la modernité. Reste que, si le mouvement mutualiste a su

---

[284] Rapport de lancement du XXXVII^e^ congrès, 12, 13 et 14 juin 2003, *Réduire les inégalités sociales : de l'assurance maladie à l'assurance santé,* p. 3.

[285] Statistiques publiées par l'Agence fédérale d'information mutualiste (AFIM), n° 2079, 21 mars 2003.

[286] « L'activité des groupements mutualistes : une rétrospective de 1991 à 1999 », *Études et Résultats,* n° 170, mai 2002, DREES.

s'adapter sans se renier aux tournants économiques et juridiques du nouveau siècle, rien ne permet d'affirmer que sa capacité d'adaptation offre une assurance tous risques contre les périls inévitables à venir.

# Conclusion

L'épanouissement de l'économie de marché commande, selon l'idéologie libérale fondamentaliste, le refoulement des principes solidaristes portés par les entreprises d'économie sociale. Le mouvement de démutualisation engagé dans certains pays anglo-saxons montre que nous ne sommes plus au stade de la querelle doctrinale. Une question se pose, qui n'est pas iconoclaste : les finalités du mutualisme et ses formes d'organisation conservent-elles aujourd'hui leur pertinence originelle ? La réponse positive tombe sous le sens, si l'on juge que les raisons qui ont conduit les mutuelles à se former n'ont pas disparu. Peut-on pour autant, sauf à adhérer inconditionnellement au déterminisme historique, s'en tenir à ce constat rassurant ?

La Mutualité, a-t-on coutume de dire, est *« l'histoire ininterrompue d'une combinaison entre la permanence de l'idée et la variation de la forme »*. Cette formulation a le mérite de mettre l'accent sur la contradiction qui oppose la fidélité aux valeurs constitutives et la nécessaire adaptation aux exigences de l'environnement économique et social. Or, la tentation de se décharger d'une partie du patrimoine éthique, comme d'un fardeau, s'avère forte dans l'âpreté des compétitions quotidiennes.

Le juste équilibre entre l'efficacité et l'idéal est, sans doute, plus facile à proclamer qu'à réaliser. Cette synergie n'en reste pas moins la pierre angulaire de l'avenir du mouvement. Les valeurs fondatrices de la Mutualité ne résultent pas d'un simple *a priori* idéologique. Elles représentent, en quelque sorte, le noyau dur des aspirations formées au cours de l'histoire en faveur du progrès humain. Comment, dès lors, affronter l'incessant processus des mutations en considérant ce viatique comme un pur supplément d'âme ? Erreur que le directeur de la recherche de la Fédération française des sociétés d'assurances (FFSA) prétend, paradoxalement, ne pas vouloir commettre. Constatant la relative défiance dont souffre le pôle marchand de la prévoyance en France, il affirme : *« L'assurance de marché, pour se développer, doit gagner sur le plan des valeurs* [287]. »

L'Assurance assistée par la Morale, l'allégorie peut surprendre. Elle a le mérite de souligner la place déterminante de l'éthique dans l'organisation du droit social. La situation de la Mutualité est heureusement différente. Un capital symbolique, accumulé au cours de l'histoire, lui assure en terme d'image une excellente notoriété. Mais le capital symbolique, comme tout capital, se dévalorise s'il n'est pas renouvelé et élargi en permanence. L'hommage rituel aux valeurs mutualistes ne suffit pas à maintenir leur force propulsive en l'état.

La Mutualité française, au cours du dernier siècle, a manifesté une créativité certaine pour faire vivre ses principes fondateurs : solidarité, non-lucrativité, démocratie, indépendance. La démocratie requiert aujourd'hui une attention particulière. Les dispositions inscrites dans le nouveau Code en faveur des pouvoirs de l'assemblée générale et des droits individuels et collectifs des adhérents s'inscrivent heureusement dans la perspective d'une « gestion par les intéressés ». *A contrario*, l'ascendant de l'idéologie

---

[287] François Ewald, « Les valeurs de l'assurance », in *Encyclopédie de l'assurance, op cit.*, p. 423.

consumériste et l'emprise tendancielle de la technostructure [288] font courir le risque de transformer la démocratie participative en simple démocratie de contrôle.

Le terrain démocratique constitue, à l'évidence, un lieu privilégié pour marquer la différence entre les organismes du marché, les institutions sociales encadrées par l'État et la Mutualité française. Un effort considérable de volonté et d'imagination s'impose pour donner tout son sens au principe fondateur de la démocratie mutualiste, *« une personne, une voix »*, en vue de garantir la souveraineté imprescriptible de chaque adhérent. La Mutualité semble en mesure de convertir aujourd'hui les contraintes économiques et statutaires en tremplin pour un nouvel élan. Le potentiel démocratique que représentent les 100 000 élus mutualistes comptabilisés par le mouvement lui en fournit les moyens.

Les activités et les métiers de la solidarité se sont transformés, mais les fonctions fédérales d'animation demeurent plus que jamais nécessaires pour conjuguer l'efficacité économique et la cohésion sociale. Le cadre conceptuel défini par Léopold Mabilleau – *« la Fédération sera la conscience active de la mutualité entière* [289] *»* – conserve toute sa validité. L'art de « fédérer autrement », développé par la FNMF depuis sa naissance, a connu des fortunes diverses. Il a cependant ouvert une voie originale, au sein du mouvement social français, pour associer la diversité et l'homogénéité. En rassemblant l'intelligence critique du mouvement, en vue de l'exercer sur son environnement et sur elle-même, la Mutualité française se donne les moyens de préserver et de développer sa précieuse faculté d'adaptation.

---

[288] Le nouveau Code offre la possibilité inédite de désigner un « dirigeant salarié ». Il est encore trop tôt pour en évaluer les conséquences sur les fonctions de direction pour le conseil d'administration, d'une part, et de gestion pour la direction administrative, d'autre part.

[289] *VIII^e congrès national des sociétés de secours mutuels (Nantes, 16-21 mai 1904)*, p. 69.

# Annexes

# Surface des locaux fédéraux successifs en m²

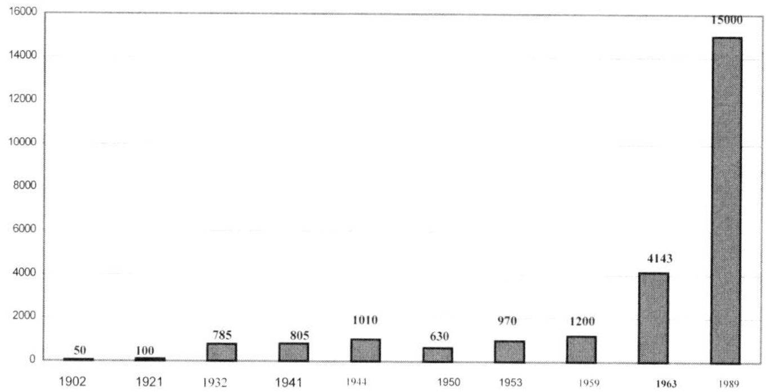

# Évolution de l'effectif salarié à la FNMF

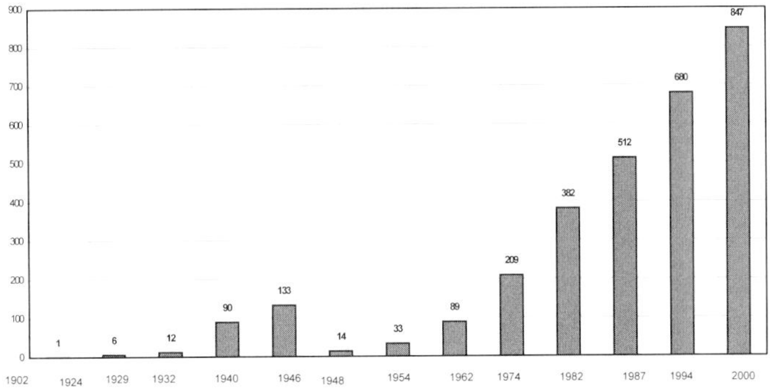

# Les congrès de la Mutualité Française (1883-2003)

| Congrès | Ville | Date | Thème du congrès | Présidence |
|---|---|---|---|---|
| Ier | Lyon | 5-9 septembre 1883 | Premier congrès national des sociétés de secours mutuels (SSM) | |
| IIe | Marseille | 24-29 mai 1886 | *Législation, mutuelle, réglementation* | |
| IIIe | Paris | 4-9 juin 1889 | | |
| IVe | Bordeaux | 19-25 septembre 1892 | | |
| Ve | Saint-Étienne | 25 août-1er sept. 1895 | | |
| VIe | Reims | 14-17 août 1898 | | |
| VIIe | Limoges | 19-24 août 1901 | | |
| VIIIe | Nantes | 15-21 mai 1904 | Premier congrès national de la Mutualité française | L. Mabilleau |
| IXe | Nice | 13-17 avril 1907 | | L. Mabilleau |
| Xe | Nancy | 22-26 août 1910 | | L. Mabilleau |
| XIe | Montpellier | 24-31 mars 1913 | *La Mutualité et l'hygiène sociale* | L. Mabilleau |
| XIIe | Angers | 20-25 octobre 1920 | *La Mutualité survivra-t-elle à la loi d'assurance maladie-invalidité ?* | L. Mabilleau |
| XIIIe | Lyon | 19-24 juin 1923 | *Le projet de loi sur les assurances sociales* | L. Robelin |
| XIVe | Strasbourg | 20-26 septembre 1926 | *La Mutualité et les lois sociales actuelles* | R. Péret<br>G. Petit |
| XVe | Lille | 2-9 juin 1930 | *Les assurances sociales et la Mutualité* | R. Péret<br>G. Petit |
| XVIe | Reims | 31 mai-5 juin 1933 | *Réalisations de la Mutualité avant les assurances sociales. Son évolution en présence des assurances sociales* | L. Heller |
| XVIIe | Toulouse | 28-31 mai 1936 | *La Mutualité face à la nouvelle réforme des assurances sociales* | L. Heller |
| XVIIIe | Toulon | 24-28 mai 1939 | ***La Mutualité de demain*** | L. Heller |
| XIXe | Aix-les-Bains | 18-23 mai 1948 | *La Mutualité de l'avenir* | L. Heller |
| XXe | Vichy | 10-13 mai 1951 | *L'action sociale de la Mutualité* | J. Senet |

| | | | | |
|---|---|---|---|---|
| XXIe | Marseille | 2-6 juin 1954 | *La société de base, élément essentiel de la Mutualité* | J. Senet |
| XXIIe | Nice | 6-9 juin 1957 | *La Mutualité dans la vie contemporaine. Le vrai visage de la Mutualité* | J. Senet |
| XXIIIe | Nantes La Baule | 2-6 juin 1960 | *Le perfectionnement de la protection sociale, devoir de la Mutualité* | J. Senet |
| XXIVe | Bordeaux | 6-10 mai 1964 | *La Mutualité en 1964* | J. Senet |
| XXVe | Saint-Malo | 10-14 mai 1967 | *La Mutualité dans l'évolution sociale* | A. Duben |
| XXVIe | Grenoble | 28-31 mai 1970 | *Pour une Mutualité efficace : diversité, union, technicité* | A. Borveau |
| XXVIIe | Vittel | 17-20 mai 1973 | *La Mutualité au service de l'homme* | A. Borveau |
| XXVIIIe | Vichy | 13-16 mai 1976 | *Une Mutualité pour votre temps* | A. Borveau |
| XXIXe | Strasbourg | 10-13 mai 1979 | *La Mutualité : un mouvement de solidarité et de prévoyance libre, responsable et démocratique* | A. Borveau |
| XXXe | Bordeaux | 6-9 mai 1982 | *La Mutualité : un idéal, une force, une volonté novatrice* | R. Teulade |
| XXXIe | Lyon | 30 mai-2 juin 1985 | *La solidarité en Mutualité, réalité vécue et voie d'avenir* | R. Teulade |
| XXXIIe | Nice | 8-11 juin 1988 | *Une tradition d'avenir pour un monde qui change* | R. Teulade |
| XXXIIIe | Grenoble | 30 mai-2 juin 1991 | *La Mutualité française, un projet de vie : agir ensemble pour vivre mieux* | R. Teulade |
| XXXIVe | Bayonne | 15-17 septembre 1994 | *Quelle protection sociale pour l'an 2000* | J-P. Davant |
| XXXVe | Lille | 5-7 juin 1997 | *La Mutualité de demain* | J-P. Davant |
| XXXVIe | Paris | 6-10 juin 2000 | *Quelles perspectives pour la protection sociale et la solidarité au XXIe siècle* | J-P. Davant |
| XXXVIIe | Toulouse | 12-14 juin 2003 | *Réduire les inégalités sociales : de l'assurance maladie à l'assurance santé* | J-P. Davant |

# Classement des taux de mutualisation par département (1921-1999)

| DÉPARTEMENTS | **année 1921**[1] | DÉPARTEMENTS | **année 1999**[2] |
|---|---|---|---|
| 1-Seine | 34,19 | 1-Aveyron | 79.65 |
| 2-Isère | 24,53 | 2-Loire | 74.34 |
| 3-Pyrénées-Orientales | 21,93 | 3-Puy-de-Dôme | 72.05 |
| 4 Haute-Garonne | 19,89 | 4-Hautes-Pyrénées | 71.59 |
| 5-Aube | 19,35 | 5-Aisne | 70.41 |
| 6-Loire | 18,84 | 6- Gironde | 70.14 |
| 7-Landes | 17,10 | 7-Orne | 67.79 |
| 8-Ain | 16,12 | 8-Cher | 67.46 |
| 9-Seine-Inférieure | 14,97 | 9-Doubs | 65.07 |
| 10-Ardennes | 14,56 | 10-Drome | 64.63 |
| 11-Aude | 14,25 | 11-Seine-Maritime | 63.85 |
| 12-Alpes-Maritimes | 14,15 | 12-Indre-et-Loire | 63,36 |
| 13-Loiret | 14,08 | 13-Lot-et-Garonne | 61.56 |
| 14-Yonne | 13,85 | 14-Aude | 60.93 |
| 15-Hérault | 13,28 | 15-Nord | 60.79 |
| 16-Rhône | 13,18 | 16-Creuse | 60.38 |
| 17-Seine-et-Marne | 13,07 | 17-Haute-Vienne | 59.78 |
| 18-Var | 12,86 | 18-Allier | 59.73 |
| 19-Jura | 12,51 | 19-Charente | 59.49 |
| 20-Gard | 12,43 | 20-Ardèche | 58.32 |
| 21-Bouches-du-Rhône | 11,89 | 21-Territoire de Belfort | 58.1 |
| 22-Côte-d'Or | 11,88 | 22-Pyrennées-Atlantique | 57.83 |
| 23-Nord | 11,86 | 23-Savoie | 56.97 |
| 24-Oise | 11,13 | 24-Deux-Sèvres | 56.15 |
| 25-Lot-et-Garonne | 11,03 | 25-Vendée | 55.98 |
| 26-Vendée | 10,99 | 26-Tarn | 55.68 |
| 27-Indre-et-Loire | 10,93 | 27-Yonne | 55.68 |
| 28-Vaucluse | 10,92 | 28-Landes | 54.66 |
| 29-Doubs | 10,74 | 29-Ardennes | 54.13 |
| 30-Somme | 10,53 | 30-Lozère | 53.59 |
| 31-Seine-et-Oise | 10,41 | 31-Vienne | 52.64 |
| 32-Gironde | 10,16 | 32-Dordogne | 52.56 |
| 33-Cher | 9,98 | 33-Loire-Atlantique | 52.46 |
| 34-Haute-Marne | 9,68 | 34-Jura | 52.36 |
| 35-Vosges | 9,59 | 35-Côte-d'Or | 52.03 |
| 36-Tarn-et-Garonne | 9,55 | 36-Corrèze | 51.88 |
| 37-Marne | 9,39 | 37-Calvados | 51.79 |
| 38-Haute-Vienne | 9,26 | 38-Hautes-Alpes | 51.1 |
| 39-Tarn | 9,20 | 39-Côtes d'Armor | 51.04 |

[1] Source : *Bulletin des sociétés de secours mutuels, 1923, p.79-80.* Le Bas-Rhin , le Haut-Rhin et la Moselle ne sont pas mentionnés.

[2] Source : Assemblée générale FNMF 2001. La non prise en compte des adhérents de la FMF, de la FNIM, et du groupe Pasteur Mutualité modifient le taux de mutualisation de certains départements, notamment dans les régions Ile-de-France, Provence-Alpes-Côte-d'Azur, Rhône-Alpes et le département du Pas-de-Calais.

| | | | |
|---|---|---|---|
| 40-Indre | 9,01 | 40-Ille-et-Vilaine | 50.77 |
| 41-Loire-Inférieure | 9,01 | 41-Ariège | 50.71 |
| 42-Meurthe-et-Moselle | 8,91 | 42-Maine-et-Loire | 50.54 |
| 43-Saône-et-Loire | 8,56 | 43-Nièvre | 50.41 |
| 44-Maine-et-Loire | 8,41 | 44-Cantal | 50.19 |
| 45-Eure-et-Loire | 8,38 | 45-Alpes-de-Haute-Provence | 48.89 |
| 46-Eure | 8,35 | 46-Loiret | 48.8 |
| 47-Territoire de Belfort | 8,30 | 47-Pyrénnées Orientales | 48.79 |
| 48-Charente-Inférieure | 8,18 | 48-Ain | 47.88 |
| 49-Haute-Savoie | 8,08 | 49-Loir-et-Cher | 46.92 |
| 50-Manche | 8,01 | 50-Saône-et-Loire | 46.71 |
| 51-Charente | 7,80 | 51-Finistère | 46.35 |
| 52-Hautes-Alpes | 7,72 | 52-Haute-Savoie | 46.26 |
| 53-Drôme | 7,57 | 53- Eure | 46.25 |
| 54-Calvados | 7,17 | 54-Somme | 46.14 |
| 55-Dordogne | 6,84 | 55-Indre | 46 |
| 56-Vienne | 6,79 | 56-Haute-Marne | 44.79 |
| 57-Pas-de-Calais | 6,64 | 57-Vaucluse | 44.68 |
| 58-Orne | 6,37 | 58-Morbihan | 44.63 |
| 59-Haute-Saône | 6,15 | 59-Paris Ile-de-France | 44.06 |
| 60-Hautes-Pyrénées | 6,11 | 60-Seine-et-Marne | 44.06 |
| 61-Sarthe | 6,10 | 61-Gard | 43.95 |
| 62-Nièvre | 6,08 | 62-Tarn-et-Garonne | 43.09 |
| 63-Aisne | 5,95 | 63-Haute-Loire | 42.04 |
| 64-Ardèche | 5,70 | 64-Var | 40.35 |
| 65-Deux-Sèvres | 5,64 | 65-Rhône | 39.71 |
| 66-Meuse | 5,60 | 66-Hérault | 39.52 |
| 67-Basses-Pyrénées | 5,38 | 67-Haute-Garonne | 38.6 |
| 68-Gers | 5,29 | 68- Lot | 38.38 |
| 69-Puy-de-Dôme | 5,07 | 69-Manche | 37.63 |
| 70-Ille-et-Vilaine | 4,86 | 70-Aube | 37.09 |
| 71-Allier | 4,71 | 71-Pas-de-Calais | 36.93 |
| 72-Basses-Alpes | 4,40 | 72-Isère | 36.55 |
| 73-Loir-et-Cher | 4,39 | 73-Meurthe-et-Moselle | 36.23 |
| 74-Arriège | 4,24 | 74-Haut-Rhin | 36.06 |
| 75-Finistère | 4,22 | 75-Vosges | 33.4 |
| 76-Savoie | 3,75 | 76-Charente-Maritime | 33.29 |
| 77-Lot | 3,67 | 77-Gers | 32.6 |
| 78-Mayenne | 3,63 | 78-Alpes-Maritimes | 33.29 |
| 79-Creuse | 3,30 | 79-Haute-Corse | 31.76 |
| 80-Corrèze | 3,09 | 80-Corse-du-Sud | 31.76 |
| 81-Aveyron | 2,75 | 81-Oise | 31.25 |
| 82-Morbihan | 2,62 | 82-Marne | 29.93 |
| 83-Corse | 2,54 | 83-Haute-Marne | 29.37 |
| 84-Cantal | 2,45 | 84-Bouches-du-Rhône | 29.11 |
| 85Côtes-du-Nord | 2,20 | 85-Meuse | 28.7 |
| 86-Lozère | 2,12 | 86-Sarthe | 27.58 |
| 87-Haute-Loire | 2,04 | 87-Bas-Rhin | 27.3 |
| | | 88-Eure-et-Loir | 27.13 |
| | | 89-Moselle | 22.88 |
| | | 90-Mayenne | 15.02 |

# Réalisations sanitaires et sociales en 2002

| SECTEURS | | NOMBRE DE REALISATIONS |
|---|---|---|
| **MEDICAL** | ***Biens et services médicaux*** | |
| | Pharmacies | 70 |
| | Centres d'optique | 540 |
| | Centres d'audioprothèse | 160 |
| | Centres ou services d'orthopédie | 14 |
| | Centres de santé dentaires | 404 |
| | Centres de santé médicaux et infirmiers | 46 |
| | Centres de soins infirmiers par auxiliaires médicaux | 69 |
| | Laboratoires d'analyses biologiques | 26 |
| | Laboratoires de prothèses dentaires | 53 |
| | Unités de court séjour | 26 |
| | Unités de moyen séjour | 32 |
| | Unités de santé mentale | 14 |
| | Service d'hospitalisation à domicile | 3 |
| **SOCIAL ET MEDICO-SOCIAL** | ***Personnes âgées*** | |
| | Etablissements | 180 |
| | Services de soins infirmiers à domicile | 63 |
| | Autres services à domicile | 54 |
| | ***Handicapés*** | |
| | Etablissements d'hébergement pour enfants ou adultes | 30 |
| | C.A.T. - Ateliers protégés (1) | 15 |
| | Services (tutelles, auxiliaires de vie...) | 20 |
| | Etablissements de vacances pour handicapés | 3 |
| | ***Famille*** | |
| | Services travailleuses familiales | 5 |
| | ***Enfants*** | |
| | Relais assistantes maternelles | 37 |
| | Lieux d'accueil enfants et parents-enfants (crèches, haltes garderie...) | 24 |
| | ***Habitat*** | |
| | Résidences pour étudiants et pour jeunes | 6 |
| | Hébergement ou résidences à caractère social | 5 |
| | ***Insertion sociale et professionnelle*** | |
| | Actions, services ou programmes | 15 |
| | ***Développement culturel*** | |
| | Actions, services et programmes | 13 |
| | ***Services aux personnes*** | |
| | Plate-formes | 6 |
| | Accompagnement scolaire | 2 |
| | Autres services | 8 |
| **LOISIRS-VACANCES** | Services de voyages | 16 |
| | Villages de gîtes | 45 |
| | Camping-caravaning | 21 |
| | Hôtels | 65 |
| | Colonies | 26 |

Liste non exhaustive

*(1) Les CAT et ateliers protégés situés à la même adresse sont comptés comme un seul établissement*

# Index des personnes citées